PUBLICATION DE LA SOCIÉTÉ DES ARCHIVES HISTORIQUES
DE LA SAINTONGE ET DE L'AUNIS

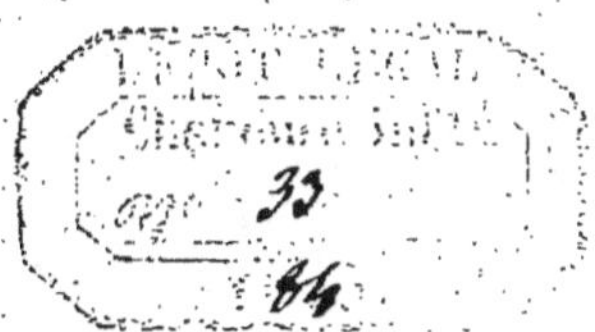

LA

FRONDE A COGNAC

1650-1657

Pièces publiées par M. Jules PELLISSON

Avocat à Cognac, bibliothécaire de la ville.

PONS

IMPRIMERIE DE NOEL TEXIER

1884

LA

FRONDE A COGNAC

PUBLICATION DE LA SOCIÉTÉ DES ARCHIVES HISTORIQUES

DE LA SAINTONGE ET DE L'AUNIS

LA

FRONDE A COGNAC

1650-1657

Pièces publiées par M. JULES PELLISSON

Avocat à Cognac, bibliothécaire de la ville.

PONS

IMPRIMERIE DE NOEL TEXIER

1884

LA FRONDE A COGNAC

1650-1657.

Pièces publiées par M. Jules PELLISSON, avocat à Cognac,
bibliothécaire de la ville.

La fronde est une des époques les plus calamiteuses de notre histoire. Tous les actes de la vie publique et de la vie privée de ce temps-là méritent d'être étudiés de près. Les registres de l'état civil doivent surtout être scrutés avec un soin particulier, parce qu'on y trouve le témoignage le plus éloquent, sinon le plus complet, de la misère publique. Dans un récent article de notre *Bulletin*, t. IV, p. 65, sur l'épidémie qui sévit en Saintonge en 1652, M. Louis Audiat nous invite à interroger les registres paroissiaux, pour comparer la mortalité de cette terrible année avec celle des années qui la précédèrent et la suivirent. La statistique comparative des mariages et des naissances présente aussi une très grande utilité. [1]

Après avoir constaté qu'à Limours, (canton de Seine-et-Oise), pas une seule union ne fut enregistrée durant quatre années, de 1650 à 1654, Alphonse Feillet dit, dans *La misère au temps de la fronde et saint Vincent de Paul*: « Est-ce une simple omission dans les écritures paroissiales, ou bien n'est-ce pas plutôt que le malheur des temps, le manque complet de sécurité, ne permet plus à l'homme de choisir une compagne qu'il s'engage devant Dieu et devant les hommes à protéger? » Parmi les documents que nous publions, il en est qui nous re-

---

1. Indépendamment de *La fronde en Saintonge*, par M. Louis Audiat, on peut consulter sur les registres de l'état civil dans notre circonscription, pendant cette période, les notes d'Alphonse Feillet, prises à Tonnay-Charente et à La Rochelle. (*La misère au temps de la fronde*, 4e édition. Paris, Didier, 1868, in-12, p. 558).

portent aux scènes de violence et de pillage qui désolèrent si souvent notre contrée. Ce n'est donc pas un hors d'œuvre que d'indiquer dans cette introduction, à titre d'exemple, quel fut, pendant cette époque troublée, le mouvement de la population dans deux centres importants, Cognac et Barbezieux. L'insuffisance des registres nous oblige malheureusement à donner une statistique incomplète ; mais nous en verrons assez pour avoir une idée des souffrances endurées par nos ancêtres, principalement en 1652.

A Cognac, trois sources d'information nous sont ouvertes : le registre de Saint-Léger, celui de Saint-Jacques et le registre protestant [1]. A Saint-Léger, les mariages et les décès n'ont pas été conservés ; mais la liste des baptêmes existe et n'a subi aucune mutilation. Voici le nombre des naissances de 1645 à 1656 :

1645, 143 ; — 1646, 138 ; — 1647, 143 ; — 1648, 117 ; — 1649, 129 ; — 1650, 109 ; — 1651, 137 ; — 1652, 111 ; — 1653, 117 ; — 1654, 133 ; — 1655, 142 ; — 1656, 139.

Ainsi ce n'est qu'en 1654 que le chiffre des naissances commence à reprendre son niveau ordinaire ; et si, en 1651, nous trouvons un nombre de baptêmes supérieur à celui des trois années précédentes, contrairement aux observations généralement faites, cette anomalie doit sans doute être attribuée à la gravité particulière que prirent chez nous les évènements de cette année, où les opérations militaires et les incursions des pillards durent contraindre beaucoup d'habitants de la campagne à chercher un refuge dans les murs de Cognac. Ce qui donne une grande vraisemblance à cette conjecture, c'est le nombre des baptêmes pendant les trois derniers mois de l'année, c'est-à-dire pendant la période qui précéda et suivit le siège de la place. Il y eut 13 baptêmes en octobre, 10 en novembre et 16 en décembre, tandis qu'en 1650 il n'y en avait eu que 5 en octobre, 11 en novembre et 6 en décembre.

A Saint-Jacques, nos recherches sont plus fructueuses qu'à Saint-Léger : le registre paroissial est complet, et nous fournit la statistique suivante :

---

1. M. P.-B. Barraud a publié à Cognac, dans l'*Ere nouvelle* des 23 et 27 juillet, 6, 10, 13, 20, 24, 27, 31 août et 3 septembre 1882, une *Notice historique sur Saint-Jacques lez Cognac.*

ANNÉES	MARIAGES	NAISSANCES	DÉCÈS
1645	4	18	22
1646	4	17	9
1647	5	15	2
1648	»	12	13
1649	5	13	21
1650	9	16	24
1651	»	10	24
1652	1	10	45
1653	6	11	25
1654	20	15	23
1655	3	24	32
1656	3	18	18

Il n'y eut, comme on le voit, aucun mariage célébré en 1648 et 1651, et il est à noter qu'il n'y en eut pas un seul entre le 15 août 1650 et le 8 avril 1652. Quant au chiffre énorme de 20 mariages en 1654, il prouve que beaucoup d'unions projetées avaient été remises à des temps plus calmes. Le nombre des naissances est conforme aux remarques qu'on a pu faire sur cette période. Les deux décès enregistrés les 24 mai et 6 septembre 1647, pour toute cette année, nous suggèrent une remarque. Régis, curé de Saint-Jacques, signe pour la dernière fois le 12 septembre 1646 ; son successeur Jameu commence à signer au mois de novembre de la même année, sans indication plus précise. En 1647, il fait une longue absence, pendant laquelle le registre est tenu par son vicaire Bernard ; et il est permis de croire que ce dernier ne prit pas note des décès avec toute l'exactitude désirable ; autrement, on ne s'expliquerait pas une mortalité aussi faible, surtout dans une paroisse où il y avait un hôpital. En 1651, le siège de Cognac ne donne que deux décès, celui de Paschal Romain, provençal, « qui mourut à l'hospital et avoit esté blessé dans la déroute du régiment de Guienne aux fauxbourgs Saint-Jacques », et celui d'un autre soldat dont voici l'extrait mortuaire : « Le 29 décembre, fut inhumé le corps d'un soldat de M. le prince, qui mourut à l'hospital, qui avoit esté blessé durant le siège de Cognac et demeuré longtemps chez M. de Réal. » C'est en 1652, à Saint-Jacques de Cognac, comme partout, que la mort, selon l'expression énergique d'un contemporain, se montra carnassière. Ce n'est plus, comme en temps ordinaire, la mort sans phrases ; le registre sue la misère, et l'intérêt lugubre qu'il présente nous engage à donner la liste des décès, qui débute ainsi : « Le 5 janvier 1652, mourut à Cognac Charles Chambaut, hoste, aagé de soixante-douze ans et plus, qui fut inhumé dans le cimetière des fauxbourgs dudit Cognac, et receut durant sa maladie tous les saints sacremens de l'église catholique, apostolique et romaine ». Le 11, meurt Benjamin Fouschier ; le 15, André Boutin, de la paroisse de Maqueville. « Le .. janvier, fut enterré par M. Daniaud, en mon absence, le corps d'une pauvre femme, vœfve d'un nommé Bœuf. Le 28 janvier, fut inhumé le corps de Pierre Robert, maistre chapelier, de l'évesché d'Agen, qui estoit depuis 25 ans et plus parroissien des fauxbourgs, confessé durant sa maladie. Le 7 febvrier 1652, fut enterré le corps d'un petit enfant, fils d'un pauvre homme nommé Richard, laboureur à bras. » Le 9, inhumation de Moriecte Brunet, femme de Jean Arnaudeau, fournier des fauxbourgs ; le 11, inhumation de la femme du défunt Fretier, nommée Jeanne Arnaudeau ; le 13, jour du mardi gras, meurt Michel Arnaudeau, fils du fournier, âgé d'un mois. Le 14, c'est Marie Lecoq, fille de défunt Grégoire Lecoq ; le même jour, Marie Fouschier, 9 à 10 ans, fille de défunt Benjamin Fouschier. Le 20, enterrement de Grégoire Retoré, « l'office faict par messire Jean Humier, prestre, en mon absence et à cause de mon incommodité ». Le 27, enterrement de ..... Arnaudeau. « Le 3 mars, mourut la mère de la susnommée, et fut enterrée le 4 ; M. d'Angeac fit l'office en mon absence. Le 7, la femme d'un nommé Perreau, sans avoir receu aucun sacrement. Le mesme jour, une pauvre femme, bordière depuis peu au Pigeon-Blanc. Le 11, fut inhumé le corps de Jean Arnaudeau, fournier, qui receut durant sa maladie tous les saints sacremens de nostre mère sainte église, par moy, curé, et le service de son enterrement fut faict par le révérend père Colet, cordelier, à raison de mon indisposition. Le 13, fut inhumé le corps du fils de Jean Martin et Lafont, ses père et mère. Le mesme jour, un petit enfant, baptizé par la sage-femme, qui mourut incontinent après avoir receu l'eau, fils de Jean Mozé et Marie Martin. Le mesme jour, mourut de froid, et faute d'assistance, une pauvre femme qui aloit chercher son pain, dont je ne sçay ni le nom ni le lieu de la naissance. Le 14, mourut et fut enterré le fils de Felonneau, qui estoit impuissant de tous les membres. » Tous ces actes sont de l'écriture du curé Jameu, et aucun n'est signé, pas plus, du reste, que ceux qui vont suivre. C'est Dubuffe, le nouveau curé, qui tient la plume. Le 7 avril, mort de Martine Sonne ?, femme de ... ; le 9, mort chez M. Munier d'une pauvre femme ; le 12, mort d'un soldat à l'hôpital ; le 20, mort de Maurice ... (*nom illisible*), maréchal, « d'une frénésie, sans avoir peu recepvoir les sacremens ». Le 24, décès de Jean Gualotau, 15 jours. « Le premier de may, mourut une femme venant de la ville, après avoir esté confessée et communiée à la ville, selon qu'ont m'en a donné atestation ». Le 15, décès de Jeanne Guodard, un an et demi ; le même jour, Jean Pineau, 7 ans ; le 1er juin, Jean Georgeon, cabaretier ; le 5, Jean Demédy, fils de la grande Marie, 7 ans ; le 9, Jeanne Journeau, fille de l'émouleur, 8 ans. Les actes qui suivent sont de l'écriture du vicaire Nisseron. « Le 17 de juin, a esté enseveli en l'église de céans Mathurin Nuel. Le 9 de juillet 1652, est décédé Jean Retoré, cy-devant sacristain de l'église de Saint-Jacques, et a esté enseveli le mesme jour. Le 10 dudit mois, est décédé Antoine Sire, esmouleur, et enseveli le mesme jour, au cimetière de l'église de céans. Le 14 dudit mois, a esté enseveli un pauvre, mort à l'hospital, nommé Louys, parisien de nation ». Le 19, inhumation de Louis Lononie, maréchal, de Fontenay-le-Comte, mort à l'hôpital ; le 24, inhumation de Berry, chapelier, mort à l'hôpital. Le 6 août, décès de Charles Gabeloteau, ci-devant fabriqueur ; le 10 ou environ, décès d'un garçon âgé de 16 ans, nommé J. Retoré. Cette funèbre liste se termine ainsi : « Du 4 septembre, fut ensevelie une fille de 10 ans, nommée Jeanne Rhetoré. Du 12, Henry Gourmelau, de Quimper-Corentin, cordonier, mort à l'hospital. Le 7 octobre, est décédée Jeanne Huon, et enterrée le 9, dans l'église de Saint-Jacques de Coignac. Le 4 décembre, est décédé Jacques Chevalier, jardinier, et enseveli le 5 au cimetière de Saint-Jacques de Coignac. Environ le 6 décembre, est mort Pierre Rougeon, et enseveli au cimetière de céans. »

Il y eut donc, en 1652, 45 décès dans cette petite paroisse, en admettant que tous aient été enregistrés, de sorte que la mortalité dépassa le double de la moyenne. Les mêmes noms qui reviennent souvent nous offrent le triste spectacle de familles visitées à peu de jours d'intervalle par le fléau, dans un temps où la guerre, les inondations, la peste et la famine ne donnaient à nos pères aucun répit.

Nous n'avons que peu de chose à dire du registre protestant, qui commence le 14 février 1649, et ne donne que les baptêmes dans la période que nous étudions. Voici le nombre des naissances : 1649, 28 ; — 1650, 22 ; — 1651 , 20 ; — 1652, 10 ; — 1653, 29 ; — 1654, 30 ; — 1655, 37 ; — 1656, 35.

Du 6 août 1651 au 17 mars 1652, pas un baptême ne fut enregistré.

Les archives de Barbezieux sont très incomplètes ; le registre protestant manque à cette date, et le registre catholique a trop de lacunes pour qu'une statistique soit possible. Par un heureux hasard, un cahier qui est d'un bout à l'autre de l'écriture du curé Devesis, nous donne les décès de la paroisse Saint-Mathias, du 17 février au 8 décembre 1652. Voici la liste des morts : 17 février, Paul Toure ? 51 ans, enterré dans le cimetière de Saint-Mathias ; 18, Jean Dupuy, « secrétain de la ville de Barbezieux, aagé de cinquante ans, après avoir receu chrestiennement les saints sacremens de pœnitence, viatique et extrême-onction ; est enterré dans l'église de Saint-Mathias, annexe de Saint-Dimas du chasteau du susdit lieu » ; 21, Jean Lecerf, 10 à 11 ans, privé de jugement, enterré dans le cimetière de Saint-Mathias ; Jean Dumergue, 7 ans ; Jaquette Castaigne, 6 ans, enterrée par le révérend père Chemin, religieux de Saint-François, délégué par le curé ; 23, Cécile Lecerf, sœur du précédent, 2 ans, enterrée par le père Chemin ; 25, Arnaud Rosel, 3 ans ; 26, Emeri Pellerin, 70 ans ou environ, enterré par le père Chemin « prié pour ce faire par le curé détenu malade » ; 27, Marie Brégerat, femme de Pierre Maurin, 45 ans ou environ ; on lit en marge : « Marie Maurin, du rosaire » ; 3 mars, Jean Rosel, frère du précédent, fils de Jean Rosel, maître chapelier, et de Marie Lurat, 1 an, enterré par Devesis ; Barbe Quinqueneau, 55 ans, femme de feu Paul Chevallier ; « le 4 mars, Saint-Aulai, peauvre, mourust devant le four banal » ; 12, Denise Loquet, veuve de Daniel Paulay, 60 ans ou environ ; 16, Elizabeth Rogueron, femme de François Trolong, 50 ans ; 19, Jean Desbordes « dict le besot », 60 ans ou environ ; 21, Pierre Trolong, 12 ans ; 26, Anne Castaing, Jean Chevalier, 3 ans ; Françoise Merle, femme de Guillaume Foucher, 60 ans ou environ ; 8 avril, Pierre Grimaud, 7 à 8 ans ; le fils de Pierre Castaing et Jaquette Paulais, décédé une heure après être né ; 12, Jeanne Hurtaude, 60 ans ou environ, veuve de Jean Rigaleau ; 30, Hélie Petit, fils de Mathias et Marie Pineau, enterré chez les cordeliers ; 13 mai, Antoine Guot, 41 ans ou environ ; 14, Hélie Albert, 50 ans ou environ ; 21, Massée Seguinard, 55 ans ou environ ; ces trois derniers, enterrés dans le cimetière d'Auvignac par le père Chemin ; 28,

Jacques Dupuy, fils de Pierre Dupuy, gascon, postillon, et Anne Camusat, 1 an et 4 mois, enterré dans le cimetière de l'église Saint-Mathias, par Devesis ; 4 juin, Guillemette Gentil, femme Deloumeau, après avoir abjuré son hérésie. On lit ensuite en marge : Marie Pineau, femme de M. Petit ; l'acte n'a pas été rédigé. « Le dix-huictiesme de juillet mil six cens cinquante deux, est décédé maistre Bris Huguet, procureur fiscal de la barronie et chastellanie de Barbezieux, après avoir receu les saints sacremens de pœnitence, viatique et extrême-onction. Estoit confraire et officier de la sainte confrairie du rosaire de la sainte Vierge ; est enterré chez les révérends pères cordeliers, où j'assistai, les susdits jour et an. DEVESIS. » Le 29, Herpin, décédé sans parrain « incontinant après estre né, et baptisé par Cécile Gache, femme de Charles Belot, maistre menuisier, en cas de nécessité » ; 30, Catherine Rabi, 4 mois ; 8 août, Louise Groleau, un an ou environ ; 10, Andrée Lecourt, 70 ans ou environ ; 24, Mémin, note marginale sans rédaction d'acte ; 4 septembre, Antoine Gaboriaud, 60 ans ou environ, « après avoir receu le saint sacrement de pénitence, et non point le viatique, à cause d'un mal fascheux qu'il avoit à la bouche, ny aussi l'extrême-onction, à cause que je ne fus pas adverti de son extrémité, le pays estant couvert de gens de guerre » ; 6, Simonne Augier, veuve de Pierre Rivière, habitante de Saint-Hilaire, 77 ans, enterrée dans le cimetière de Saint-Hilaire par l'aumônier, curé du même lieu ; 7, en note marginale : « la bourdière de M. l'esleu Drilhon » ; Marthe...., 70 ans ou environ, « n'ayant peu recevoir le viatique, à cause de la difficulté de l'avaler », enterrée dans le cimetière de La Garde, par permission du curé ; 9, Jeanne Brusleau, veuve de Jean Cosson, procureur, 55 ans, enterrée dans l'église Saint-Mathias ; 16, Jean Retoré, 4 ans ; 17, Mathurine Goise, 60 ans ou environ, femme de Pierre Joincherie, du village des Moreaux, en l'enclave du château ; 22, François Pichon, 4 ans ; 29, Jean Barbier, de Monguion, paroisse de Vassiac ; ... Deparet, 3 ans, enterrée dans la grande église de Saint-Mathias ; 2 octobre, Suzanne Gallier, 60 ans ou environ, veuve de Jean Fradas ; 5, Anne Foucaud, 30 ans ou environ ; 6, Françoise Moreau, 9 ans, enterrée au Vignac, « par les parens de la fille, à faute de prestre, selon le rapport des assistans » ; 8, Marie Rabi, 4 ans ; 9, Marie Chevalier, 2 ans ou environ ; Françoise Moreau, sœur de la précédente, 9 ans, enterrée au Vignac ; même jour, sur le soir, Mathurine, chambrière de Mme Lingier ; 10, ... Desmarre, fille de... ; 14 .... Gautron, fille de... Ménier, fille de... Ces quatre derniers actes sont inachevés. Le 15, Andrée Baron, 70 ans, enterrée dans le cimetière d'Auvignac ; Jean Billeau, 60 ans ou environ, enterré dans le cimetière de Saint-Mathias, par le père Chemin ; 16, Jeanne... en marge : de Saint-Preuil, acte inachevé ; 17, André Landreau, du village des Piaux, 70 ans ; Pierre Robert, natif de Poligny en Dauphiné ; 19, Philippe de Bonlieu, fille, 3 à 4 ans ; 31, acte inachevé ; en marge : le fils de Balaur ? ; 1er novembre, Marguerite Herpin, âgée de 12 ans, « sans confession, à cause d'une apoplexie qui la saisit » ; 22, Jean Gerbeau, 4 mois ; 8 décembre, Jacquette Landreau, quelques heures après avoir reçu l'abjuration de l'hérésie, enterrée dans le cimetière de la grande église ; Gautron, fils de..., acte inachevé.

Le curé de Saint-Mathias enregistra donc 65 décès, du 17 février au 8 décembre 1652, c'est-à-dire dans une période d'un peu plus de dix mois, ce qui suppose 80 décès environ pour toute l'année. Encore est on en droit de se demander, en voyant tant d'actes inachevés et tant de notes jetées rapidement dans les marges, s'il a bien été tenu note de tous les décès. Les observations d'Alphonse Feillet, sur les registres paroissiaux du temps de la fronde, s'appliquent souvent à celui de Barbezieux. « Il faut voir, dit-il, la physionomie de ces registres, l'écriture hâtive, le peu de renseignements, et, si fréquemment, cette lugubre répétition : *Ce même jour...*, pour toutes ces inhumations ; involontairement, la lettre de Rotrou revient à la pensée : « Les cloches sonnent pour la vingt-deuxième personne qui est morte aujourd'hui. »

Pour avoir un tableau aussi complet que possible de la mortalité dans la circonscription qui est aujourd'hui la commune de Barbezieux, il nous faudrait posséder non seulement le registre de Saint-Mathias pour toute l'année 1652, mais encore le registre protestant, celui de la paroisse de Saint-Seurin, réunie à Barbezieux en 1754, et dont l'importance est attestée par les extraits publiés dans le *Bulletin* de notre Société, t. III, p. 7-17, enfin celui de la petite paroisse de Xandeville, qui fait aussi aujourd'hui partie de Barbezieux. La population totale de cette commune, d'après le dernier recensement, est de 4102 habitants. Le chiffre des décès, en y comprenant les enfants mort-nés, s'y est élevé à 98 en 1879, 96 en 1880, 80 en 1881, 85 en 1882. Ainsi, ce dernier chiffre est, à peu de chose près, celui de la paroisse

Saint-Mathias en 1652. Quand on songe qu'une population, éprouvée par toutes les calamités des années précédentes, ne devait guère dépasser dans ce temps-là 2,000 habitants, et qu'indépendamment du registre des protestants qui étaient nombreux, deux registres catholiques nous font défaut, on arrive à cette conclusion qu'à Barbezieux l'épidémie de 1652 fit de tels ravages qu'elle dépassa probablement la moyenne de cette année maudite, et que nous devons nous estimer heureux que de nos jours les épidémies fassent bien moins de victimes, grâce aux progrès que l'hygiène a réalisés.

I

1650, 11 janvier. — Mezée du corps de ville de Cognac, où il est donné lecture d'une lettre de Louis XIV ordonnant de ne pas procéder à l'élection d'un nouveau maire [1].

Extraits tiré des registres de la maison de ville de Cognac. — En maisée tenue en la maison collégialle de la ville de Cognac, le onziesme de janvier 1650, par nous, Jean Gay, sieur de Lessert, maire et capitaine de ladite ville, [2] Ezéchiel Guinebert, Jean de La Couture, Louis Civadier, Jacques

---

1. Les pièces I à XVIII, XX, XXI et XXIII de cette série sont des copies qui se trouvent à la bibliothèque de Cognac, fonds Albert, mss., t. XXX. Les lettres originales, les expéditions des mezées, celles des lettres de noblesse accordées aux trois frères Gay et de la nomination d'Arnaud Gay au poste de gouverneur des Ponts-de-Cé, la copie de la relation du siège de Cognac, sont dans les archives de famille de M. le docteur Gay de La Chartrie, qui avait communiqué toutes ces pièces à Emile Albert. Je crois inutile d'insister sur la valeur historique de ces documents; je me bornerai à faire observer que le registre original des mezées est perdu.

Pour l'histoire de la fronde à Cognac et les personnages cités dans les pièces que je publie, voir la *Relation véritable de tout ce qui s'est passé au siège de Cognac et à sa levée par le prince de Condé, en présence du comte d'Harcourt, le 15 novembre 1651, et autres documents rares et peu connus sur la fronde en Angoumois,* publiés avec une introduction et des notes biographiques, par un membre de l'institut historique de France (M. P. de Lacroix); Paris, Dumoulin, 1863, et les *Chroniques, faits historiques et traditions de l'Angoumois occidental,* du même auteur ; Paris, Dumoulin, 1876. Voir aussi les *Etudes historiques sur la ville de Cognac,* par F. Marvaud; Niort, Clouzot, 1870, t. II, et la *Noblesse des maires de Cognac, études généalogiques,* par M. Maurice de Jarnac de Gardépée, publiées dans le *Bulletin de la société archéologique de la Charente,* année 1882; Angoulême, Goumard, 1883, p. 187.

2. « L'onsiesme jour de febvrier mil six cent trois, a esté baptizé Jehan, filz de Pierre Gay et de Marie Bernard, sa femme ; parrin honorable homme Jehan Philipier, et merrine damoiselle Anne Jameu. PHILIPIER. ANNE JAMEU. PELLEGEAY. » *Registre de Saint-Léger de Cognac.*

Pelluchon l'esné, Guillaume de Roumas, Jacques Chosse, François Bourguignon, Michel Berjonneau. [1] Benjamin Vitet, Jacques Robicquet, Jacques Pelluchon le jeune, et Jean Gimbert, eschevins et conseillers du corps et collège de cette dite ville, assemblés au son de la cloche, à la manière accoutumée, pour traitter et dellibérer des affaires d'icelle, le tout sous les protestations faittes par ledit sieur maire, de La Couture, Pelluchon l'esné, de Roumas, Chosse et Robicquet de n'approuver pour conseiller dudit corps ledit Pelluchon le jeune, ny déroger en l'instance qu'ils ont contre luy en la cour de parlement pour raison de ce, le sieur maire a remontré avoir reçu présentement un pacquet du roy, requis que ouverture soit faite d'iceluy, et sur ce délibéré.

Par avis de l'assemblée a été arrêté que ladite lettre de sa majesté sera mise au bas de la présente maisée, pour y avoir recours quand besoin sera, et sera escript à M. Letellier, faisant réponse à la sienne, que l'on a satisfait à la volonté de sa majesté, premier que la réception de la lettre de sadite majesté, par la continuation faitte dudit sieur maire.

S'ensuit la teneur de ladite lettre :

De par le roy. Chers et bien amez, sachant que vous devez procéder au premier jour à l'eslection d'un nouveau maire de notre ville de Cognac, et désirant pour bonnes considérations qu'elle soit différée pour quelque temps, nous avons bien voulu, par l'avis de [la] reyne régente, notre très honorée dame et mère, vous faire cette lettre par laquelle nous vous mandons et ordonnons que vous ayez à laisser le maire d'à présent dans les fonctions de sa charge, vous deffendant très expressément de passer outre à l'eslection d'un nouveau maire jusqu'à nouvel ordre ; et ne doutant pas que vous ne vous conformiez en ce qui est en cela de nottre volonté, nous ne

---

1. Voir *Bulletin* de la société des archives historiques de la Saintonge et de l'Aunis, t. I, p. 296.

vous fesons la présente plus longue ny plus expresse. N'y faittes donc faute, car tel est notre plaisir. Donné à Paris, le cinquiesme janvier mil six cens cinquante. Signé : Louis, et plus bas : Letellier. Et sur la suscription est escript : à nos chers et bien amés les maire, eschevins et habitans de nottre ville de Cognac. Et c'est ledit sieur Vitet, après avoir opiné, retiré sans signer. Ainsy signé à l'original : Gay, maire, J. de La Couture, L. Civadier, J. Pelluchon, de Roumas, Chosse, Berjonneau, Robicquet, J. Pelluchon, F. Bourguignon, Gimbert, Guinebert, secrétaire.

II

1651, 30 octobre. — Mezée portant nomination de Louis Civadier, maire de Cognac, Jacques Pelluchon aîné, Jean Gay et Jean Gimbert, échevins, aux fonctions de membres du conseil de défense de la place de Cognac.

En maisée tenue en la maison collégialle de la ville de Cognac, le trente octobre mil six cents cinquante un, par nous Louis Civadier, sieur de Gallienne, maire et capitaine d'icelle, François Guérin, Jean de La Couthure, Ezéchiel Guinebert, Jacques Pelluchon l'aisné, Jacques Daniaud, Louis Ménage, Guillaume de Roumas, Jean Gay, François Bourguignon, Jacques Robiquet, Jacques Chausse, Jean Peinard, [1] Michel Babin, Jacques Pelluchon le jeune, Jacques Garaud et Jean Gimbert, tous échevins et conseillers du corps de séans, assamblés au son de la cloche, à la manière accoutumée, pour traitter et dellibérer des affaires d'icelle ; monsieur le maire a remontré que, pour le service du roy et conservation des habitans de cette ville, il est nécessaire de faire composer un conseil de personnes capables pour décider et arrèter, avec quatre gentilz hommes nommés de

---

1. Il faut lire *Bernard.* Jean Bernard, qui fut échevin, était avocat du roi au siège de Cognac.

la part de la noblesse qui est en cette ville, de tout ce qui concerne le fait de la guerre, pour la conservation de la place et le service et obéissance du roy. Par après que, par pluralité de voix, il a été arrêté qu'il sera nommé quatre du corps pour assister audit conseil avec monsieur le maire, et que, par pluralité de voix, ont été nommés pour être dudit conseil les sieurs Pelluchon l'aisné, lieutenant criminel, Gay et Gimbert, pour décider des affaires de la guerre, dans lequel conseil ledit sieur maire présidera, et auquel conseil sera prié d'assister par le corps de céans monsieur Desfontenelles, capitaine au régiment de Piémont, comme étant la personne en qui le corps de céans et habitans de cette ville prennent créance. [1] Ainsy signé à l'original : Civadier,

---

1. Il s'agit d'Arnaud Gay des Fontenelles, dont voici l'acte de baptême tiré du registre de Saint-Léger : « Le dimanche, dernier jour d'octobre mil six centz dix, a esté baptisé Arnault, filz de Pierre Gay et de Marye Bernart, sa femme ; pairin maistre Arnaut Vitet, advocat aux enquestes et procureur au siège de la présente ville, merrine honneste femme Marye Gay, femme de sire Berthommé Chastagner, boucher. VITET. P. GAY. PELGEAY. » Une quittance notariée, du 3 avril 1636, établit qu'il était alors enseigne de la compagnie de M. de Blénac, au régiment de Piémont. Le 30 octobre 1635, à Pons, il tua en duel Gédéon Laisné, et, après une information criminelle, obtint, au mois de décembre 1638, des lettres de rémission dont le préambule établit que, dès l'âge de quatorze ans, il était entré au régiment des gardes « soubz la charge du sieur de Saint-Preuil, » où il servit pendant neuf ans. Il servit depuis en Hollande, « où il auroit esté receu en qualité d'enseigne du sieur de Belsevis, capitaine audict régiment (de Piémont). » Au mois d'août 1635, étant lieutenant dans ce régiment, il vint à Cognac lever quelques soldats pour l'armée de Hollande. Après son duel, il retourna en Hollande, servit ensuite en Picardie et fut blessé à Sérizay, au passage de la Somme. La copie des pièces que je viens de citer se trouve à la bibliothèque de Cognac, fonds Albert, mss., t. XXX, où se trouve également l'analyse du contrat de mariage passé le 27 novembre 1655, au château de Brie, par Ferriol, notaire, entre « Arnaud Gay, escuier, sieur des Fontenelles, mareschal de bataille ès-armées du roy, capitaine d'une compaignie entretenue pour le service du roy au régimant de Piedmont et gouverneur pour sa majesté des ville et chasteau du Pont-de-Cé, fils naturel et légitime de deffunct Pierre Gay, vivant escuier, sieur de l'Essart, et de damoiselle Marie Bernard, ses père et mère, demeurant audict lieu du Pont-de-Cé en Tourenne, d'une part ; et damoiselle Anne de Nes-

maire, Gay, Guérin, Guinebert, Danyaud, Pelluchon, Dela-
couture, Mesnage, de Roumas, Robicquet, J. Bernard,
F. Bourguignon, Chausse, Babin, Pelluchon, et Garaud,
secrettaire.

III

1651, 2 novembre. — Lettre de Henri de Lorraine, comte d'Harcourt, à
Arnaud Gay des Fontenelles, capitaine au régiment de Piémont.

Monsieur, les services que vous rendez présentement au
roy dans Cognac sont si considérables et si utiles que je
n'avois garde de perdre cette occasion pour les faire valoir à
la cour. Aussy vous recevrez, je m'asseure, en temps et
lieu, des marques de la reconnoissance de leurs majestés. Je
vous prie de continuer avec M. le marquis de Bellefont,
maréchal de camp en l'armée du roy, que j'envoye à
Cognac, pour asseurer le peuple que je seray dans peu de
jours en ces quartiers-là avec des forces capables de repous-
ser bien loing la bravoure de ces messieurs. Vous luy donnerez, s'il vous plaist, toutes les connoissances que vous avez
de la place et des moyens de la conserver, en attendant que
je puisse vous témoigner de bouche l'estime que je fais de
vostre personne et de vostre zèle au service du roy. C'est,
monsieur, vostre très affectionné à vous servir. HARCOURT [1].

A Poitiers, le 2 novembre 1651.

M. capitaine de Piémont.

---

mond, fille naturelle et légitime de messire François de Nesmond, chevalier,
seigneur de Brive, La Jauvignière et autres places, et dame Marie Laurans,
ses père et mère, demourans audit lieu noble de Brie, d'autre part. » Les
époux de Nesmond constituèrent en dot à leur fille une somme de 13,000
livres, plus 1,000 livres pour meubles. Le futur déclara que son bien con-
sistait « en fonds de la valeur de sa compaignée au régiment de Piedmond et
de la somme de 60,000 livres en deniers, meubles, ustensiles et obliga-
tions. » Dans un acte de l'état civil du 28 février 1672, Anne de Nesmond
est qualifiée veuve d'Arnaud Gay.

1. Cette lettre est écrite par un secrétaire. La signature seule est auto-
graphe.

IV

1651, 8 novembre. — Lettre de Henri-Auguste de Loménie de Brienne, ministre des affaires étrangères, à Léon de Sainte-Maure, comte de Jonzac, gouverneur de Cognac.

Monsieur, j'ay receu en mesme temps deux lettres de vous, l'une du troisiesme de ce mois, l'autre sans datte, et par celle qui est datée, comme vous estes arrivé à Congnac; de quoy ayant rendu compte à leurs majestés, elles en ont receu beaucoup de satisfaction, et je vous puis asseurer qu'elles n'ont pensé à y envoyer un maréchal de camp que parce que l'on n'a pas veu que vous feussiez en résolution d'y aller, ny que vous feussiez asseuré d'estre assisté de M. de Fontenelle, lequel est beaucoup estimé de leurs majestés, et congneu de tout le monde pour un homme de valleur et d'expérience, en sorte que l'on ne doubte pas qu'il ne s'acquitte très bien de ce que vous luy ordonnerez pour la conservation et deffense de ladite place, et sur ce fondement le roy m'a commandé d'escrire de sa part à M. le comte d'Harcourt de retirer M. de Bellefondz, s'il est entré à Congnac, ou de ne l'y pas envoyer, s'il n'y est pas encores arrivé. Quant au secours dont vous pouvez avoir besoin, en cas que vous soyez attaqué, je vous asseure que, pour peu que l'on l'attende, il sera à vous, et sur les advis que vous me continuerez, s'il vous plaist, de l'estat auquel vous serez, vous recevrez l'assistance qui vous sera nécessaire; ce que je souhaitterois que l'on peust encores advancer dadvantage pour vostre repos et pour le nostre, estant, monsieur, vostre très humble et très obéissant serviteur.

DE LOMÉNIE BRIENNE.

A Poictiers, le VIIIe novembre 1651.

M. le comte de Jonzac. [1]

---

1. Les mots « vostre très humble et très obéissant serviteur » sont de la main du signataire. On lit au dos de cette pièce : « Lettre de la cour en faveur de M. Desfontenelles, du 8 novembre 1651. »

V

1651, 9 novembre. — Lettre de César-Phébus d'Albret, maréchal de France, à Arnaud Gay des Fontenelles.

De Poitiers, ce 9e de novembre.

Monsieur, j'ay eu beaucoup de joye de m'estre rencontré chez M. de Chasteauneuf, lorsque M. de Combizan [1] y estoit, parce que j'ay peu apprendre par luy de vos nouvelles et de tous les autres messieurs de mes amis qui se sont enfermés dans Coignac. Je ne doute point que tant d'honnêtes gens ensemble n'y servent utilement le roy, et je suis bien ayse que, selon le désir de tout ce que vous êtes ensemble, sa majesté vous envoye un ordre pour commander dans cette ville. Je me plains un peu de vous de ce que vous ne m'en avez rien mandé, car je seray tousjours avec plaisir le soliciteur de vos intérêts à la cour. Je vous conjure d'asseurer tous vos messieurs de mon service très humble, et que je les estime tous sy fort que je voudrois estre en leur compagnie. Je ne menqueray pas de faire mon devoir de bon et fidelle compatriote dans toutes les occasions qui s'en offriront, et j'espère que j'auray bientost la joye de vous voir tous auprès du roy recevoir des avantages et des remerciements pour avoir battu ses ennemis. Cependant et le général et le particulier me fera un bonheur extrême de se servir de moy. Au reste, n'oubliez pas quelqu'uns de vos vieux coups de Flandre, et croyez que je suis avec passion, monsieur, votre très humble serviteur.

M. D'ALBRET MIOSSENS.

---

1. C'est François Aigron, lieutenant général de Cognac, dont il est question dans le *Véritable journal de tout ce qui s'est passé pendant le siège de Coignac.*

VI

1651, 18 novembre. — Lettre du comte d'Harcourt au même.

Monsieur, j'escris à M. de Jonsac ce que nous jugeons icy plus important pour la conservation de Cognac, à quoy je vous prie de faire travailler en diligence, et de prendre bien vos seuretez pour les officiers prisonniers que nous avons laissez à Cognac. Je me remets du surplus à la lettre dudit sieur de Jonzac, et vous prie de me croire, monsieur, votre bien affectionné serviteur.   HARCOURT.

A Saint-Jean, le 18 novembre 1651. [1]

VII

1651, 18 novembre. — Lettre de M. de Piennes [2] au même.

A Poitiers, ce 18 novembre 1651.

Monsieur, je suis très heureux de m'estre trouvé en court pour avoir ma part de la joie publique du bon succès qu'ont eheu les armes du roy à Qunac. Je vous peux asseurer que, comme bon françois, j'y ay pris toute la part que je debvois; mais je vous proteste avec vérité que la plus sensible que j'aie receu, c'est de la part que j'ai appris que vous avez à la résistance qu'a fait la place, laquelle vous

---

1. Lettre écrite par un secrétaire.

2 On trouve à cette époque Antoine de Brouilly, marquis de Piennes, chevalier des ordres du roi, nommé lieutenant général des armées du roi en 1651, gouverneur de Pignerol, mort à Paris, le 1er novembre 1676, âgé de 65 ans, ce qui reporte sa naissance à l'an 1611. De son mariage avec Françoise Godet des Marets, il ne laissa que deux filles, dont l'aînée, mariée à Louis d'Aumont de Villequier, lui porta la terre de Piennes. (LACHENAYE, t. III, p. 275). Il était fils de Charles de Brouilly, marquis de Piennes, et de Renée de Rochefort (ANSELME, IX, p. 201.) Les d'Aumont portèrent plus tard le titre de duc de Piennes (duché à brevet.)

doit estre absolument déférée. Pour moi, dès lors que j'ai sceu que vous y estiez, je n'ai pas douté que l'on n'i fist quelque chose d'extraordinaire. J'en ai touxjours asseuré la reine et M. le mareschal de Villeroi. Après m'estre resjouy avec vous comme le plus cher de vos amis et celui qui s'intéresse le plus dens vostre fortune, il faut que je vous dice que vous faites une faute signalée de n'estre pas desjà venu; vous pouvés vous prévaloir de l'occasion que la fortune vous a fait nestre en vous donnent lieu de rendre un service signalé à l'estat, à la vuee de leurs majestez, lequel, par politique, en un commencement comme celui-ci, ils sont obligés de récompenser. C'est pourquoi vous ni debvés pas perdre de temps. Je serai au désespoir si vous n'i venés que quent j'en serai parti. J'ai desjà dit à la reine qu'il falloit qu'elle vous plaçast dens les guardes; elle m'a dit qu'asseurément elle seroit pour vous; mais, comme ses occasions là ne sont pas touxjours présentes, c'est à vous à songer à quelque chose qui vous acomodàt, et le demander présentement. J'avois songé que vous pousriez demender deux ou trois mil franc de rente sur les tailles de Xaintes ou d'Engoulesme. Cela ne nous empescheroit pas de buter à autre chose. Vous pouvez aussi songer aux tours de La Rochelle; tout ce que je vous peux dire, c'est que pour moi, si j'y suis, vous cognoistrés par l'intérest que je prendrai en ce qui vous concerne que vous n'avés pas de plus véritable amy et qui soit plus que moi, monsieur, votre très humble et très affectionné serviteur.

Pienes.

VIII

1651, novembre. — Lettres de noblesse accordées par Louis XIV à Pierre Gay de La Chartrie, Jean Gay de Lessert et Arnaud Gay des Fontenelles.

Louis, par la grâce de Dieu, roy de France et de Navarre, à tous ceux présens et à venir, salut. Comme nous ne saurions donner une plus glorieuse récompense à ceux de

nos sujets qui, par leurs actions grandes et vertueuses, se
sont signallez dans les armes pour la deffense de nostre estat,
ou qui, par d'autres actions grandes et vertueuses, louables
et généreuses, se sont rendus considérables, que de les éle-
ver par quelque marque d'honneur au dessus du commun en
les honorant, eux et leur postérité, du titre de noblesse, pour
leur laisser par ce moyen et à leurs successeurs une obliga-
tion de les imitter, et aux autres de l'émulation pour mériter
une pareille grâce. Scavoir faisons qu'ayant en singulière re-
commandation les louables et vertueuses qualités qui sont
ès personnes de notre cher et bien aymés Pierre Gay, sieur de
La Chartrie [1], Jean Gay, sieur de Lesser, et Arnaud Gay, sieur

---

1. Le recueil Albert, mss., t. XXX, p. 357, contient une analyse de l'expédi-
tion en parchemin signée : Chouet, notaire royal à Saint-Jean d'Angély, du
contrat de mariage passé en cette ville, le 12 septembre 1627, entre « noble
homme monsieur maistre Pierre Gay, conseiller du roy et son advocat au
siège royal de Cougnac, fils naturel et légitime de noble homme Pierre Gay,
sieur des Fontenelles, maire et capitaine de la ville de Cougnac, et de dame
Marie Bernard, son espouse, et damoizelle Anne Griffon, fille naturelle et légitime de défunct Morice Griffon, escuier, sieur de La Richardière, advocat en
la cour de parlement de Bourdeaux et procureur du roy en l'élection de
Sainct-Jean d'Angelly, et de damoiselle Marguerite Boiceau, demeurans savoir :
lesdits Pierre Gays en la ville de Cougnac, et lesdictes damoiselles Boiceau et
Griffon en la présente ville de Sainct-Jean d'Angelly. » Ce mariage eut lieu
de l'avis, conseil et consentement « savoir : ledict sieur Gay, dudict sieur Gay,
son père, monsieur maistre Pierre de Guip, escuier, sieur des Planches, côn-
seiller du roy, lieutenant général, juge prévost et commissaire examinateur
au siège royal de Cognac, Jacques Bernard, sieur de La Chaudronne, Jehan
Gay, enseigne d'une des compagnées de la ville de Cougnac, François Foucques, bourgeois et l'ung des eschevins de ladicte ville de Cougnac, maistre
Pierre Nicauld, procureur audit siège royal de Cougnac, maistre Jacques
Chausse, sieur de Roumillac, Nicolas Chastaignier, marchand ; maistre Jacques
Chausse, advocat en la cour de parlement, et Jean Robicquet, notaire royal,
tous proches parents dudict sieur Gay, préparlé. Et la dicte damoiselle
Griffon, préparlée, de ladicte damoiselle Boiceau, sa mère, Pierre Boiceau,
escuier, sieur de Bois Guyot, son oncle, religieuse personne frère Pierre
Griffon, prieur de l'abbaie de cette ville, son frère, sire Jehan Birot, marchand, noble homme Rémy Pepin, sieur de La Crestinière, conseiller esleu
pour le roy en l'ellection dudict Sainct-Jean, ses beaux frères, monsieur maistre

des Fontenelles, tous frères, natifs de la ville de Cognac en Angoumois, et leurs agréables et fidelles services considérés

---

Charles Estourneau, escuier, sieur de La Tousche, conseiller du roy et son advocat au siège royal de ladicte ville de Sainct-Jean, Jehan Estourneau, escuier, sieur de Pisseloube, Jean Dupont, escuier, sieur de La Tessonnière, conseiller esleu pour le roy en l'élection de cette dicte ville Sainct-Jean, noble homme Jean Giron, sieur de La Bréarderie, aussy esleu en ladicte élection, noble homme Pierre Barthommé, sieur de La Tanneuderie, advocat en la cour de parlement de Bourdeaux. » Pierre Gay constitua en dot à son fils cinq mille livres en deniers et l'office d'avocat du roi dont il était pourvu, estimé trois mille livres, et lui donna en outre par préciput « une maison scituée en la ville dudict Cougnac, ruhe Sainct-Martin, joignant celle où il rezide, ensemble les estudes et livres d'icelluy préparlé. » Les huit mille livres de dot furent assignées « sur une borderie appelée l'Essart, située en la paroisse de Javrezac. »

Le recueil Albert donne aussi l'analyse des actes suivants, utiles à consulter pour la généalogie de la famille Gay : 14 novembre 1661, contrat de mariage de Jacques Gay, écuyer, sieur de La Chartrie, fils de défunt Pierre Gay, aussi écuyer, et de Anne Griffon, et d'Elizabeth Vitet, fille de défunt noble homme Jean Vitet, docteur en médecine, et de Catherine Delvolve, demeurant les parties à Cognac ; 11 avril 1693, contrat de mariage de François-Théodore Gay, conseiller du roi au siège de Cognac, fils de Jacques Gay, sieur de La Chartrie, conseiller du roi et premier assesseur en la maison de ville de Cognac, et de défunte Elizabeth Vitet, et d'Anne Maillard, fille de Nicolas Maillard, sieur de l'Essert, l'un des échevins de la maison de ville, et de défunte Jeanne Guillet, demeurant tous à Cognac ; 16 février 1740, contrat de mariage reçu Filhon, notaire à Angoulême, de Jacques Gay, écuyer, seigneur de La Chartrie, ci-devant garde du roi, fils de défunt François-Théodore Gay, seigneur de La Chartrie, sus nommé, et d'Anne Maillard, demeurant à Cognac, et de Jeanne-Thérèse Bourrée, fille de feu Robert Bourrée, écuyer, seigneur de Balzac, Villement et autres lieux, conseiller secrétaire du roi, maison, couronne de France et de ses finances, receveur ancien des tailles de l'élection d'Angoulême, et de Marie Cazaud, demeurant à Angoulême ; 29 août 1769, contrat de mariage de Pierre-Robert Gay, écuyer, sieur de La Chartrie, fils de feu Jacques Gay de La Chartrie et de vivante dame Jeanne-Thérèse Bourrée, demeurant à La Chartrie, paroisse de Saint-Martin, et de Marie-Anne Pepin, fille de feu Jean-René Pepin, sieur de La Sauzade, bourgeois, et de vivante dame Louise Guillemeteau, demeurant à La Sauzade, paroisse de Gimeux ; 19 frimaire an VII (9 décembre 1798), contrat de mariage de Joseph Gay, propriétaire, fils de vivant Pierre-Robert Gay et de vivante Marie-Anne Pepin, demeurant en la commune de Saint-Martin, et de Marie-Anne-Elisabeth Vidon, fille de Jean Vidon et d'Elisabeth Baraud-Rivière, demeurant commune de Cognac.

par leurs glorieuses actions récemment faites en notre ville
de Cognac, pendant le siège mis devant icelle par notre
cousin le prince de Condé, en laquelle ils auroient servy
avec toute l'affection imaginable et exposé leurs vies à toutes
les attaques, fait diverses sorties sur les ennemis, mesme
lorsque la ville fut secourue, et une infinité d'autres actions
de générosité, desquelles nous avons été pleinement certiffié
tant par les commandants que par les habitants de laditte
ville de Cognac, députés vers nous, ce qui nous sert d'une
preuve plus que suffisante ; et voulant icelle reconnoître ;
pour ces causes, et autres grandes considérations à ce nous
mouvants, de notre grâce spéciale, plaine puissances et authoritté royalle, avons, par ces présentes signées de notre main,
décoré et honoré, décorons et honnorons lesdits Gay frères du
tittre de noblesse ; voulons qu'ils soient réputés pour tels,
ensemble leurs femmes et enfants, postérité, lignée tant masles
que femelles, nés et à naître et procréés en loyal mariage,
et que eux, leur postérité et lignée soient en tous actes et
endroits, tant en jugement que dehors, tenus, censés et réputés nobles, portant la quallité d'écuyers, et puissent par-
venir à tous degrés de chevallerie et de notre gendarmerie,
aquérir et posséder toutes sortes de fiefs, seigneuries et
héritages nobles, de quelque titre et conditions qu'ils soient,
et qu'ils jouissent de tous honneurs, authorités, prérogatives, prééminences, privilèges, franchises, exemptions,
immunitez dont jouissent et ont accoutumée de jouir et uzer
les autres nobles de notre royaume, et tout ainsy que sy
lesdits Gay estoient issus de noble et ancienne race, et
porter armes timbrées telles qu'elles sont cy empraints,
sans [que] pour ce ils soient tenus nous payer ny aux
roix nos successeurs aucunes finances ni indemnité, à quelques sommes qu'elles puissent se monter. Nous les en avons
déchargés et déchargeons et fait don par ces dites présentes,
ensemble registre d'icelles, tant du sceau qu'autrement. Sy
donnons en mandement à nos amés et féaux conseillers les

gens tenant notre chambre des comptes et cour des aydes à Paris, présidents et trésoriers généraux de France à Bordeaux, les faire enregistrer... (*Formules*). Donné à Poitiers, au mois de novembre, l'an de grâce mil six cents cinquante un et de notre reigne le neufviesme. Signé : Louis. Sur le reply ; par le roy, signé... Scellé en laqs de soye rouge et verte. Expédiées et registrées en la chambre des comptes du roy notre sire, au registre des chambres de ce temps, ouy le procureur général du roys, information préalablement faittes sur les vie et mœurs, religion catholique, appostolique et romaine des impétrans, par l'un des conseillers du siège royal de Cognac à ce commis, pour jouir par lesdits Gay frères et leur postérité de l'effet et contenu en icelles, sellon sa forme et teneur, le dix huict jour de mars mil six cens cinquante six. Signé : Godeffroy. Registré.

IX

1651, 1er décembre. — Mezée où il est donné lecture d'une lettre de Louis XIV nommant Arnaud Gay des Fontenelles lieutenant du gouverneur de Cognac.

En maisée tenue le premier décembre mil six cents cinquante un et les.... le sieur maire a remontré avoir reçu lettre du roy adressante au corps de séans, laquelle il raporte, requiert qu'ouverture soit faite d'icelle et sur icelle délibéré.

Par avis de l'assemblée, après que lecture a été faitte d'icelle, a été arresté qu'elle sera registrée au bas de la présente et exécuttée suivant sa forme et teneur ; ce fait, mise au trésor, pour y avoir recours quand besoin sera, et également que le corps de séans ira voir monsieur de Fontenelle, pour luy rendre nos devoirs et respects, de laquelle lettre la teneur s'ensuit : ·

De par le roy. Chers et bien amez, ayant donné au sieur Desfontenelles, capitaine d'une compagnie en notre régiment de Piémont, la charge de notre lieutenant au gouvernement de notre ville et château de Cognac, tant pour les preuves qu'il nous a données en diverses occasions et employ de sa valeur, capacité, vigilance, expérience, fidellité et affection à notre service, que pour les avoir signalés depuis peu en la deffance de ladite place, sous les ordres du sieur comte de Jonzac, gouverneur d'icelle, et notre lieutenant général en la province, dont nous sommes bien aise de tesmoigner notre satisfaction et de luy reconnoistre; nous avons bien voulu vous faire cette lettre par laquelle nous vous mandons et ordonnons très expressément de le reconnoistre en laditte qualitté de nottre lieutenant au gouvernement de laditte ville et château de Cognac, et de luy obéir en toutes les choses qu'il vous ordonnera pour nostre service et pour la suretté et conservation de laditte place en nottre obéissance, en l'absence ou sous l'authoritté dudit sieur comte de Jonzac, gouverneur d'icelle; vous assurant que vous ferez chose qui nous sera très agréable. N'y faittes donc faulte, car tel est notre plaisir. Donné à Poytiers, le vingt quatriesme novembre 1651. Signé : Louis, et plus bas : de Lauményr. Et sur la suscription d'icelle est escript : à nos chers et bien amés les eschevins et habitans de Cognac, et laditte lettre demeurée ès mains du secrettaire. Ainsy signé à l'original : L. Civadier, maire, de La Couture, Danyaud, Deroumas, Babin, J. Pelluchon, Gimbert et Garaud, secrettaire.

X

1651, 16 décembre. — Lettre du comte d'Harcourt à Arnaud Gay des Fontenelles.

Monsieur, si j'estois asseuré que pendant vostre absence il ne se peust rien passer à Cognac qui vous le deust faire regretter, je ne m'opposerois en façon du monde à vostre voyage à la cour et vous le permettrois volontiers. Mais, comme je croy que vous pourrez jouer à jeu seur dans peu de jours, je vous les demande de tout mon cœur, pourveu que vos intérêts n'en reçoivent un notable désavantage. En ce temps là, si vous me faites connoistre le sujet de votre prétention j'auray joye de vous y rendre mes bons offices, considérant comme je fais votre amityé avec estime, et souhaitant de vous témoigner que je suis, monsieur, votre bien affectionné serviteur.   HARCOURT.

A Tonnei-Charente, le 16 décembre 1651. [1]

XI

1651, 23 décembre. — Lettre de Henri-Auguste de Loménie de Brienne au même.

Monsieur, vous verrez par la lettre que le roy vous escrit comme sa majesté donne ordre à M. le comte de Jonzac de la venir trouver, et comme elle désire que cependant vous preniez le commandement de la ville et château de Congnac, et jettiez dans ledit château le nombre de suisses nécessaires pour le conserver en toute seureté; de quoy sa majesté se repose sur vous et désire que vous luy donniez compte de ce que vous aurez fait en exécution de cet ordre, ce qu'elle attend par ce vallet de pied; et comme c'est le seul subject de son voyage, je n'adjousteray rien icy que pour vous prier de me croire, monsieur, votre très humble et très obéissant serviteur.

DE LOMÉNIE BRIENNE.

A Poictiers, ce 23e décembre 1651. [2]

---

1. Lettre écrite par un secrétaire.

2. Les mots « votre très humble et très obéissant serviteur » sont de la main du signataire.

XII

1651, 26 décembre. — Prestation de serment de Guillaume de Romas, maire de Cognac, entre les mains d'Arnaud Gay des Fontenelles:

Extrait de l'assemblée faitte par les sieurs maire et échevins de la ville de Cognac, pour procéder à la nomination d'un maire pour l'année mil six cents cinquante deux, et nomination faite en conséquence de la personne du sieur Guillaume de Romas, et prestation de sermentdudit sieur de Roumas entre les mains du sieur Defontenelle, lieutenant de roi de la ville et château de Cognac, étant audit château.

Et à l'instant, nous sommes transportés au château de cette ville, où étant, avons trouvé M. Deffontenelles, capitaine d'une compagnie au régiment de Piedmont, sergent de bataille des armées du roy, et lieutenant de sadite majesté en la présente ville et château, et y commandant pour l'absence de monseigneur le comte de Jonzac, nostre gouverneur de ladite ville et château, que ledit sieur de Fontenelles nous auroit dit être party cejourd'huy, par ordre de sa majesté, pour aller en cour, et auquel dit sieur Desfontenelles ayant fait entendre le contenu en la maisée conforme à la déclaration du roy et à sa lettre y insérée et dattée, portant la nomination et eslection faitte par le corps de céans de la personne dudit sieur de Roumas pour maire de l'année prochaine mil six cens cinquante deux, duquel le corps l'auroit supplié vouloir prendre son serment, pour l'absence dudit seigneur comte de Jonzac, gouverneur; lequel sieur de Fontenelle, inclinant aux suplications par nous faittes, a audit sieur de Roumas, comme plus haut en voye, conformément à la susdite déclaration du roy et lettre, fait faire le serment en tel cas requis et accoutumé, et iceluy receu en ladite charge de maire pour ladite année prochaine mil six cens cinquante deux; et ce fait, nous sommes retirés en l'hostel de ladite ville, signé le présent acte pour valloir et servir audit sieur de Roumas, ainsi que de raison. Signé à l'original : L. Civadier, maire, Guinebert, Cothu, Danyaud, de Lacouture, Deroumas, Pelluchon, Bernard, J. Bernard, Babin, Robicquet, Chausse, Bonnet, Berjonneau, Maillard, Gimbert et Garaud, secrétaire. Normand, secrétaire, pour avoir les originaux des maisées cy dessus.

XIII

1651, 31 décembre. — Lettre du comte d'Harcourt à Arnaud Gay des Fontenelles.

Monsieur, le sieur de La Treille, major du régiment de Guyenne, qui est icy prisonnier, m'ayant asseuré que le sergent Laforest, les nommés Cavalier, Pierre et le petit Lafontayne qui estoient de sa compagnie et qui sont prisonniers à Cognac, prendroient party dans nos troupes, s'ils estoient de deçà, je vous prie de sçavoir d'eux s'ils sont en cette résolution, et, en ce cas là, de me les envoyer lorsque vous jugerez qu'il y aura seureté par le chemin. C'est le sujet de cette lettre, et pour vous assurer que je suis, monsieur, votre plus affectionné serviteur.   HARCOURT.

A Saint-Jean d'Angély, le 31 décembre 1651 [1].

XIV

1652, 1er janvier. — Lettre de Louis XIV au comte de Jonzac.

Monsieur le comte de Jonzac, ayant intention d'allér en ma ville de Congnac, pour y faire quelque séjour, j'envoye le sieur

---

1. Cette lettre et toutes les autres du comte d'Harcourt sont écrites par des secrétaires.

Pingault, l'un des maréchaux de mes logis et de mes gentilshommes servans, pour faire travailler aux réparations nécessaires au chasteau dudit lieu, à le mettre en estat d'y pouvoir commodément loger, ce que j'ay bien voulu vous faire sçavoir par cette lettre, et vous dire que vous ayez à donner audit Pingault toute l'assistance dont il pourra avoir besoin, tant pour faire nettoyer ledit chasteau que pour le faire réparer, et qu'afin que ledit nettoyemant soit faict avec plus de dilligence, vous y fassiez venir travailler par corvées les habitans des lieux voysins, avec le moins de foulle qu'il se pourra; et la présente n'estant pour autre fin, je prie Dieu qu'il vous ayt, monsieur le comte de Jonzac, en sa sainte garde. Escrit à Poictiers, le premier jour de janvier 1651.　　　　　　　　　　　Louis. Le Tellier [1].

XV

1652, 6 janvier. — Lettre du roi Louis XIV au même.

Monsieur le comte de Jonzac, sur la suplication qui m'a esté faite par le sieur d'Orty, lieutenant au régiment de mes gardes françoises, en faveur du sieur de Redon, son beau-frère, qui a esté faict prisonnier au secours de Congnac, s'obligeant à le représenter toutes les fois que je luy ordonneray, j'ay bien voullu vous faire cette lettre pour vous dire que je trouve bon et désire que vous fassiez mettre ledit de Redon en liberté, en vertu de la présente, et sur ce, je prie Dieu qu'il vous aye, Mr le comte de Jonzac, en sa sainte garde. Escrit à Poictiers, le 6e janvier 1652.　　　Louis. Le Tellier.

---

1. Voici l'adresse de cette lettre : « A monsieur le comte de Jonzac, mon lieutenant général en mes provinces de Xaintonge et d'Angoulmois, gouverneur particulier de ma ville de Congnac, et, en son absence, à celuy qui y commande ». Le voyage projeté n'eut pas lieu. C'est par erreur que la lettre est datée de 1651 : il faut lire 1652.

XVI

1652, 8 janvier. — Lettre du comte d'Harcourt à Arnaud Gay des Fontenelles.

Monsieur, je vous fais ces lignes pour vous donner advis de nostre arrivée icy, et du dessein que nous avons d'aller demain à Cognac, où nous avons besoin que vous preniez soin de faire travailler à un pont de batteaux au lieu que vous jugerez le plus commode, avec M. de Heudicour, à qui j'en escris aussy, et qui soit plus près de Cognac que n'estoit celuy des ennemis, affin que nous ayons deux deffilez à faire passer nos troupes avec plus de diligence. Vous sçavez que la diligence est essentielle en ces matières. Croyez cependant que je suis, monsieur, votre affectionné serviteur.

HARCOURT.

A Brisambourg, le 8 janvier 1652.

XVII

1652, 11 janvier. — Lettre du même au même.

Monsieur, nos quartiers d'infanterie estans un peu trop éloignés du pont Merpin, et estan nécessaire d'y envoyer promptement des mousquetaires pour le garder, je vous prie de dire à M. Dumont de ma part qu'il m'obligera au dernier poinct d'y en envoyer trente, avec toute la diligence imaginable; ils n'y seront pas longtemps et ils y pourront rendre un service très utile. J'oubliay de laisser audit sieur Dumont un ordre pour quinze mousquetaires qu'il doit envoyer au château d'Authon; vous le luy donnerez, s'il vous plaist.

J'envoye l'ordre pour la garnison d'Authon à M. l'intendant.

Je suis, monsieur, votre bien affectionné serviteur.

HARCOURT.

A Segonzac, le 11e janvier 1652.

XVIII

1652, 12 janvier. — Lettre du même au même.

Monsieur, nous ne sçaurions apporter trop de précautions pour la garde du passage de Merpin. C'est ce qui m'oblige de vous prier d'y aller pour voir si les suisses qu'on y a envoyé y suffisent, et de faire mettre le moulin en estat de les y pouvoir tenir en seureté, observant qu'il y faut tousjours quatre cavaliers de ceux que vous avez à Cognac pour nous tenir promptement advertis de ce qu'ils apprendront des ennemis en ce lieu là. Vous ferez donc relever les quatre cavaliers qui y sont, et leur donnerez ordre de revenir joindre leur corps. Je me remets du surplus à vostre bonne conduite, et suis de tout mon cœur, monsieur, votre bien affectionné serviteur.

HARCOURT.

A Segonzac, le 12 janvier 1652.

Nous allons présentement à Touzac.

XIX

1652, 15 janvier. — Etat dressé par Jacques Pelluchon-Destouches des dégâts commis dans sa propriété des Touches par les compagnies de Pilloix et d'Habran, en garnison à Cognac. — *Original sur papier, conservé dans les archives de la famille Pelluchon-Destouches, appartenant à M. Emile Briand* [1].

Mémoire du mal quy m'a esté fait aux Touches, ce 15e janvier 1652, lorsque monsieur le conte d'Arcourt passa par

---

1. Le domaine des Touches est situé dans la commune de Verrières. Le rédacteur de cette pièce a écrit au dos : « Pour le vol quy m'a esté fait aux

Cougnac, par les compagnies des sieurs Pilloix et Habran, quy estoient en garnisson en cette ville de Cougnac, et autres régimant.

Premièrement, pandant 4 jours la compagnie dudit Habran, sans avoir son logis audit lieu des Touches, vient avec quelque vinct cavalliers, lesquels, après avoir voullu enfonser les portes, ung vallet leur en fit ouverture, où d'abord estant entrés, furent droict à l'escurie, où ils praindrent deux mulles et deux mullectz de la valleur de plus unze centz livres . . . . 1100 livres.

Une jumand de la valleur de trois centz livres, lequel bestail il emmenèrent sans faire autre chose; et incontinant après leur départ, arriva deux autres compagnies du mesme régimant, dont ledit Pilloix commandoit à une et l'autre le nommé Habran, lesquels, ne s'ettant pas contantés de loger et vivre de ce qu'il y avoit audit lieu, soit en vollaille, pain et vin que fourage pour leur chevaux, auroient fait le mal quy s'ensuict.

Premièrement, brullé pour plus de trois centz livres de bûches et madriers, soit de treuil que autres de nouyers propre à faire menuzerie, cy . . . . 300 livres.

Segondemant, brullé les coffres, armoires, challis, bans d'osier?, cuves, deux charrios avec leur roues, la charue de labourage, desplanché la messon et le coulombier, rompu touttes les portes et fenestres, jetter plus de soixante brasses de muraille du ranclos par terre, lequel dégast est de plus de douze cents livres de perte. . . . . . . 1200 livres.

Touches ». Son arrière petit-fils, Gabriel-Jean-Antoine Pelluchon-Destouches, président du tribunal de Barbezieux, a ajouté : « au 15 janvier 1652 et jours suivants, par les soldats des compagnies Pillois et Abran, lors en garnison à Cognac. Mon sixième ayeul l'a estimé sept mille et quelque cent livres. Noté en 1812, à une de mes veillées, à Juillac le Coq. P. D. » Cet aïeul était Jacques Pelluchon, sieur des Touches, échevin de Cognac, qui eut plusieurs enfants de son mariage avec Marguerite Foucques, entre autres, Jacquette Pelluchon, épouse de Pierre Gaillard, dont il sera question plus bas.

3. Disipèrent et firent emporter par d'autre cavalliers pour plus de trois cents livres de foin. . . . 300 livres.

4. Rompirent la porte du grenier, praindrent 85 boisseaux fromant, 40 boisseaux mesture, soixante boisseaux advoyne et 25 boisseaux febves, le tout vallant aux prix qu'est le grain. . . . . 800 livres.

5. Enfonsèrent les portes de ces chés; défonsèrent et burent 27 barriques et trante sept pipe de vin et brullèrent les futailles. Cette perte est de. . . . . . . 1100 livres.

6. Disipèrent, burent et enportèrent et lavèrent les jambes à leurs chevaux de trois piesses d'eau de vie. Une marchandisse sy chère que celle là en faire une prodicalité sy grande ! car ces trois piesses valloient. . . . 450 livres.

7. Prains et emporté deux mattellas de coton, ung lit de plume et les tours de deux lictz, tout le lainge et vesselle et toutte la chaudronerie quy estoit en ledict lieu, quy valloit bien . . . . 600 livres.

Et après avoir fait tout ce désordre et qu'il virent qu'il ne restoit que les murailles, il se mirent à batre le bordier et son vallet quy travaillent audit bien tant aux labourages que aux eau de vye. Voyla comme il trettent partout.

XX

1652, 6 mars. — Nomination d'Arnaud Gay des Fontenelles au poste de gouverneur des Ponts-de-Cé.

Louis, par la grâce de Dieu, roy de France et de Navarre, à nostre cher et bien amé le sieur de Fontenelles, capitaine au régiment de Piedmont, et nostre lieutenant en la ville et château de Cougnac, salut. Le château du Pont-de-Cé ayant esté réduict à notre obéissance par nos troupes commandées par notre cousin le sieur d'Hoquincour, maréchal de France, notre lieutenant général en nos armées, nous avons considéré qu'il estoit à propos pour notre service le bien et

de nos subjects du païs d'Anjou d'establir dans ledit château une personne sur les soings et sur les vigilences de laquelle nous nous puissions reposer de la garde de la place;
et après avoir jetté les yeux sur divers subjets, nous avons
enfin estimé ne pouvoir pour ce faire un meilleur choix que
de vous, pour les preuves que nous avons reçues de vostre
fidélité et affection en plusieurs occasions où vous avez fait
paroistre ce quy est de vostre fidélité et courage. A ces
causes et à plain confians en vos sens, suffisance, expé-
riance au fait des armes et bonne diligence, nous vous
avons commis, ordonné et estably, commettons, ordonnons
et establissons par ces présentes, signées de nostre main,
pour avoir la garde dudit château audit Pont-de-Cé, lever
et mettre dans icelluy à cest effect une compagnie de cinquante hommes des plus vaillants et aguerris soldats que vous
pourrez trouver, avecq pouvoir de leur commander tout ce
que vous verrez estre à propos pour le bien de nostredit
service, et la sûreté et conservation de la place en nostre
obéissance, iceux soldats faire vivre en si bon ordre que
nous n'en recevions aucune plaincte, et nous ferons pourvoir
à la subsistance de ladite compagnie et aux apoinctemens qui
vous seront deubs en ladite charge, jouir et user par vous
aux honneurs, auctorités, prérogatives, pouvoirs, prééminences, franchises, libertez quy y appartiennent et aux apoin-
temens qui vous seront ordonnez par l'estat que nous ferons
expédier, le tout pendant les mouvements et jusques à ce que
nous en ayons aultrement ordonné et soubz nostre autorité,
celle de celluy que nous commetterons en nostre païs d'Anjou pour y commander pour nostre dit service, et de nostre
lieutenant général audit pays, ausquels mandons vous faire
jouir et user de cesdites présentes plainement et paisible-
ment, recognoistre et obéir de tous ceux et ainsy qu'il appartiendra. Mandons à nos amés et féaux les présidans, trésoriers généraux ou provinciaux de l'extraordinaire de nos
guerres, de vous faire payer doresnavant lesdits apoinctemens

suivant nosditz estats, aux termes et en la manière accoutumée, car tel est notre plaisir. Donné à Saulmur, le sixième
jour de mars, l'an mil six cents cinquante-deux et de notre
règne le neufiesme. Signé : Louis, et plus bas : par le roy,
Phelipeaux, et scellé sur simple queue de cire jaulne.

Collationné à l'original en parchemin, représenté par ledit
sieur Desfontenelles et à luy rendue par nous notaires royaux
[à] Angers, résidans aux Ponts-de-Cé, soubsignez, le 28e jour
d'avril mil six cens cinquante deux. Des Fontenelles. Gouin,
notaire royal. Autre signature illisible.

Passé aux Ponts-de-Cé, le 28 avril 1652.

XXI

1652, 17 octobre. — Lettre du maréchal d'Albret à Arnaud Gay des
Fontenelles.

De Bourges, ce 17 octobre.

Monsieur, je vous assure que leurs majestez vous connois-
sent trop bien pour n'estre pas persuadés que, lorsque l'occasion s'en présentera, vous ne fassiez à l'avenir pour leur
service comme vous avez fait par le passé. Il ne se peut rien
dire ny souhaitter de mieux et, de ma part, je vous promets
auprès d'eux tous les petits offices dont je puis estre capable;
car, sur ma foy, je ne sçaurois avoir plus de joye que lorsque
je pourrai vous témoigner par mes services [1]. Je suis fort véri-

---

1. Je ne veux pas terminer la publication de cette série de documents, si
honorables pour la famille Gay, sans donner la lettre suivante de Louis
XIV, dont la copie est dans le recueil Albert, t. xxx, p. 433 : « Capitaine Fontenelle, ayant choisi Gay pour remplir la charge de lieutenant en
la compagnie dont je vous ai donné le commandement dans mon régiment de
la marine, je vous fais cette lettre pour vous dire que vous ayes à le recevoir
et establir en ladite charge et à le faire reconnoistre en icelle de tous ceux
et ainsy qu'il appartiendra. Et la présente n'estant pour autre fin, je prie
Dieu qu'il vous ait en sa sainte garde. Escrit à Saint-Germain-en-Laye, le
dix-huictième jour de décembre 1674. Louis. Le Tellier. » L'adresse de cette

tablemènt, monsieur, votre très humble ét très affectionné serviteur.   Mˡ D'ALBRET.

XXII

1652, 23 mars. — Plaintes des habitants de Pons à propos des maux qu'ils ont supportés pendant la fronde [1]. — *Copie sur papier, communiquée par M. l'abbé Henri Valleau.*

Aujourd'huy vingt troisiesme mars mil six cens cinquante deux, à l'assemblée, faicte par maistre Jean Chabiran, procureur fiscal et saindict de la ville de Pons, des habitans de ladicte ville et faux bourgs, où se sont trouvés honorable homme maistre Jean Renaudet, seigneur de Montsanson, advocat en la cour du parlement de Bordeaux et juge séneschal de la ville et sirerie de Pons, maistre Mathieu Gué-

---

lettre dont le sceau est timbré, est ainsi conçue : « Au capitaine commandant une compagnie dans mon régiment de la marine ». Il y a aussi dans le même volume, p. 437, la copie d'une pièce sur parchemin signée : Louis. Par le roy, Le Tellier, intitulée : « Commission de capitaine d'une compagnie de nouvelle levée dans le régiment de Piedmont, pour le sieur Guay. » Cette pièce, datée de Versailles le 10 septembre 1676, débute ainsi : « Louis, par la grâce de Dieu, roy de France et de Navarre, à notre cher et bien amé le cappitaine Guay, salut. Ayant résolu d'augmenter de quelques compagnies notre régiment de Piedmont, et désirant donner le commandement de l'une desdites compagnies à une personne qui s'en puisse bien acquitter, nous avons estimé ne pouvoir faire pour cette fin un meilleur choix que de vous, pour les services que vous nous avez rendus dans toutes les occasions qui s'en sont présentées, où vous avez donné des preuves de vostre valleur, courage, expérience en la guerre, vigillence et bonne conduitte, et de vostre fidellité et affection à nostre service ». Le brave officier dont il est question dans la lettre du roi et dans la commission est sans doute Pierre Gay, fils de Pierre Gay et d'Anne Griffon, que je trouve, le 11 avril 1693, qualifié noble homme Pierre Gay, capitaine d'infanterie, au contrat de mariage de son neveu, François-Théodore Gay, et d'Anne Maillard.

1. Encore que cette pièce ne concerne pas Cognac, nous la publions cependant ici; les faits qu'elle contient confirment et complètent ceux que nous apprennent les autres documents.

rin, notaire royal, Michel Dussaud, siéur de La Chaussée, Jean Sarrazin, sieur de Trignac, Bertrand Guérin, marchant, Jacques Bossion, Isaac Cadet, Jean Arnaudet, marchant, maistres Jean et Samuel Depont, Jean Tapissier, maistre Jean Blondet, Claude Dumorisson, Daniel Jollet, Pierre Guesnaud, maistre François Gourdon, notaire, maistre Mathurin Sarrazin, Pierre Girodot, maistre Jean Pinson, Daniel Affaneur, maistre Nicolas Babin, Laurans Laurane?, Isaac Basset, Samuel Sarrazin, Hélie Bertin, Pierre Gouraud, Antoine Peanné?, auxquels a esté proposé que monseigneur de Miossans a tesmoigné, par lettre escripte à monsieur le séneschal, avoir compassion du malheur arivé à la présante ville pour avoir dessin de procedder au soulagement des habitans ; de quoi ledict saindict advertit afin qu'ils aient à délibérer. Lesquels habitans [ont] esté d'avis que monsieur le séneschal escrivit une lettre au non de tous à monseigneur de Miossan, et que monsieur Collineau praine la peine de aller trouver mondict seigneur de Miossan pour le remercier de bouche de la par de tous les dicts habitans et le supplier de demander à sa majesté une exsemption de logeman de gens de guerre à l'avenir, et une remise de taille pour longue année, attendu qu'il est impossible audicts habitans de pouvoir rien faire, veu les grandes pertes qu'ils ont faict tant par le logemant des gens de guerre de monsieur le prince de Condé que par la prainse de cette ville par monsieur le prince de Tarante,[1] qui auroit donné le pillage de leur [ville] despuis le

---

1. La bibliothèque de Cognac, fonds Albert, recueil d'imprimés in-4°, contient, t. XIX, 1re série, p. 733, la plaquette suivante que nous reproduisons comme fort rare : « *La Prise de la ville de Pons par les troupes de M. le prince de Condé, sous la conduitte du prince de Tarente*, (armes de Condé). A Bourdeaux, par G. de La Court, imprimeur ordinaire du roy et de son altesse. 1652. » 8 pages.

« Ceux qui s'estoient persuadez que le dernier voyage de M. le prince affoibliroit son party, et qu'en s'esloignant de la Xaintonge il perdroit une

vingct deusiesme janvier jusque au quinziesme de febvrier
dernier ; pendant lequel temps ses soldats et cavaliers ont

---

partie des conquestes qu'il y avoit faictes, apprendront aujourd'huy qu'il peut
vaincre mesmes là où il n'est pas, et que, s'il s'est avancé de de ça pour y es-
touffer des trahisons, il est demeuré de delà par le bon-heur des armes qu'il
y a laissées pour y remporter des victoires. Nous avons veu l'un dans les
conspirations que sa présence a dissipées à Libourne. Vous allez voir l'autre
dans la prise de la ville de Pons que les troupes de son altesse ont
vaincüe heureusement, sous la conduitte du prince de Tarente.

Il y a néantmoins de quoy doubter s'il ne faut pas appeller ce dernier suc-
cez plutost une punition qu'une victoire, puisque, si on y a vaincu des ennemis, on y a puny en mesme temps des perfides. Les habitans de cette ville
ont mérité cet infâme titre depuis leur dernière rébellion. Ils avoient promis
à monsieur le prince de demeurer inviolables dans son party ; et son altesse,
se fiant sur leur fidélité et sur leur parole de la conservation de cette place,
avoit consenti pour leur soulagement à ne mettre pas de garnison dans la
ville, se contentant seulement de laisser quatre-vingts hommes pour la garde
du chasteau.

Cependant, dès qu'ils virent partir S. A. pour prendre sa marche du costé
de la Dordoigne, ils prindrent de son esloignement l'occasion de leur révolte.
Ils appellent le chevalier d'Albret, qui avoit desjà des intelligences dans la
place ; ils somment eux-mesmes la garnison du chasteau qui enfin, se voyant
attaquée inopinément par ceux qui s'estoient obligez de la deffendre, se ren-
dit à condition que les soldats qui estoient dedans sortiroient vies et bagues
sauves et seroient conduits à Xaintes en toute seureté. Et néantmoins, au
préjudice de la foy donnée, ceux qui venoient de conclure cette capitulation
vont dresser sur le chemin une embuscade à ces soldats qui sortoient sur
leur parole, en tuent quelques uns sur la place et ayant dépouillé les autres
les ramènent prisonniers.

Cette lasche perfidie obligea le prince de Tarente de s'approcher de la
ville de Pons avec trois ou quatre régimens et une pièce de canon, non pas
tant pour venger ce premier crime que pour l'empescher de devenir plus
coupable et la ramener en son devoir. En effet, quoy qu'elle fût indigne de
pardon et qu'il n'en deut plus différer la punition, il la fit sommer de se
rendre par trois diverses fois, afin d'essayer de la vaincre par la douceur
avant que la combattre par la force, suyvant en cela les inclinations de M.
le prince, pour la gloire duquel il travaille, qui ayme mieux entrer dans les
cœurs des citoyens que dans les murailles de leurs villes, et qui reçoit ses
propres victoires avec quelque sentiment de douleur quand il est contraint
de les remporter aux despens des peuples qu'il ayme.

Mais l'obstination des habitans de cette ville, fortifiée par les milices du
pays qu'ils avoient appellées à leur secours, et par une trentaine de gentils-
hommes qui s'estoient jettez dedans avec le chevalier d'Albret, les fit résoudre

emporté tous lèurs fruits, marchandises, meubles, argent, rompu, et dissipé et brullé ce qu'ils n'ont pu emporter,

---

à la deffense, et les opiniastra à leur mal-heur. C'est pourquoy, le 21 de ce mois, le prince de Tarente fit attaquer la place par trois endroits à mesme temps. Il y eut d'abord quelque résistance du costé des ennemis ; dix ou douze de nos officiers furent tuez ou blessez dans ce combat, et 20 ou 30 soldats demeurèrent morts sur la place ; mais la vigueur des attaquants fut si généreuse et leurs efforts si pressans, qu'ayans forcé les barricades, ils se rendirent en peu de temps maistres de toute la ville.

Elle fut incontinent exposée au pillage, pour contenter la juste indignation des soldats, et pour punir à mesme temps par un chastiment exemplaire la perfidie des habitans. Quelque soin que les chefs ayent peu apporter dans cette occasion, il a esté impossible d'éviter tous les désordres qui accompagnent ordinairement les prises des villes. Dans la première chaleur de la victoire, on passa au fil de l'espée une grande partie de ceux qui se trouvèrent sous les armes. Quelques cavaliers, pour éviter le fer et le feu, se jettèrent dans l'eau ; mais, voulans se sauver à la nage, ils furent misérablement noyez. On fait monter le pillage de cette ville à trois cens mil livres ou environ, qui ont servi de récompense au courage et aux travaux de cette petite armée.

Cependant le chevalier d'Albret se retira dans le chasteau avec les gentils-hommes qui s'estoient jettez dans la ville et cent cavaliers ou environ qui furent suyvis de quelques habitans ; ils firent quelque mine de se vouloir deffendre ; mais, à la veüe du canon, et deux jours après, ils furent contraincts de se rendre à discrétion.

Les cavaliers ont pris party dans l'armée de M. le prince, non seulement pour les advantages qu'ils trouvent de ce costé, mais encore parce que, depuis le retour du cardinal Mazarin, tout le monde est persuadé de la justice de cette cause. Le chevalier d'Albret, avec trente gentils-hommes qui l'avoient suivy dans le chasteau et quelques uns des habitans de Pons, sont demeurez prisonniers entre les mains du prince de Tarente, qui a signalé dans cette occasion sa conduitte et son courage accoustumé à vaincre les ennemis.

Les troupes de ce prince ont aussi donné des preuves de leur valeur, ensemble les régimens d'Anguyen, de Conty et d'Albret qui, à l'exemple de leurs braves officiers, firent à ce jour des merveilles. Si nous sçavions les noms de ceux qui ont esté blessez ou tuez dans cette attaque, ils mériteroient sans doubte un rang illustre dans l'histoire ; quand nous en serons mieux instruits, nous leur rendrons la gloire qui leur appartient, aussi bien qu'à plusieurs autres qui se sont comportés généreusement dans les occasions passées.

Ce qui nous empesche aujourd'huy de gouster pleinement les fruicts et les advantages de cette dernière victoire, c'est de voir l'aveuglement déplorable des peuples qui sacrifient leurs biens et leurs vies à l'ambition du Mazarin et

viollé les femmes et filles qu'ils ont trouvé en ladictte ville,
pillé les église et couvant desquelles ils ont emporté les croix
et callisses et coupes tant de l'une que de l'autre religion,
emprisonné les habitans, leurs femmes et filles, auxquels ils
ont faict paier ranson et exercé contre eux tout autres acte
d'hostillité. Et du despuis le sieur de Foleville estant venu
en la présente ville avecq une armée de la part de sa majesté, il auroit logé avecq le régiment de Noirmoutier, et
demeuré en ladictte ville despuis le quinziesme febvrier
jusque au dix-septiesme du présant mois de mars, et logé sa
cavalerie tant par les autelerie, paroisse de Bougnaud, Montignac, Pérignac, Eschebrune et autre de la présente chastel-
lenie ; et encore monsieur Duplesy serait venu en la présante
ville, le vingt huictiesme du dict mois de febvrier, avec une
armée de sa majesté composée de dix compagnies du régiment des gardes, les régimens de Picardie, Montauzier, Na-
vaille, La Milleray et Périgord, [1] qui faisoient avecq le régiment de Noirmoutier six à sept mil hommes ; auroient logé

---

qui consentent à devenir les victimes de son retour. Ne faut-il pas enfin que
les bons François ouvrent les yeux aux mal-heurs qui les menacent, et qu'ils
joignent ensemble leurs résolutions et leurs forces contre cet ennemi commun qui, nous ayant desjà fait verser tant de larmes, nous va couster tant de
sang ? Peut-on encor douter quel des deux partis il faut prendre ? quel est pour le
service du roy et pour le bien de la France, ou celuy de ce tyran estranger
qui la vient perdre, ou bien celuy de M. le duc d'Orléans et de M. le prince
qui ne travaillent que pour la conserver ? »

1. « Le second du moys de mars mil six cens cinquante-deux, est décédé
Jacques de Lesnerac, escuier, sieur de Mesnaiville, de la paroisse d'Argency,
près Bayeux, en Basse-Normandie, agé de vingt ans ou environ, en son vivant cornète de Jean de Peticœur, escuier, sieur de Beaubalon, capitaine au
régiment de monsieur le comte d'Armaignac ; a esté inhumé, le troisième,
dans notre églize de Saint-Martin, après avoir reseu les saints sacremens, estant mort des blessures qu'il a resceues pour le service du roy, dans le combat de Perdiliac, contre monsieur le prince de Tarante, par moy curé. Cérié. »
Registres paroissiaux de Saint-Martin de Pons. — On trouve dans Laché-
naye-Desbois, XI, 280 : « Petitcœur, écuyer, sieur de Saint-Wast et de
Beauvalon, dans l'élection de Bayeux », et, VIII, 634 : « Lessenerac ou Lesne-

par cantons, y ayant presque en toutes les maisons vingt-cinq à trente soldats qui auroient vescu à discression, sans payer, et séjourné jusque au dixseptiesme du présant mois ; pendant lequel temps ils auroient ramassé tout le bestail des paroisses circonvoisines, et par se moïen achevé de ruiner lesdits habitans, qui se treuvent dénués de touttes sortes de commodités. Et la misère est sy grande en la ville et fauxbourgs que la majeure part desdits habitans sont morts et péris de fin, en estant enterré journellement jusqu'à quinze et vingt personnes, de sorte que laditte ville est presque déserte. De sept à huit cens familles qui y soulloient estre, il n'en reste pas présentement trois cens. Ce que lesdits habitans donne charge audict sieur Collineau de représenter à sa majesté et à nos seigneurs de son conseil et autres qu'il appartiendra, pour optenir une remise des tailles et une exemption de logement de gens de guerre, et que, à l'avenir ladicte ville et fauxbourgs puissent estre réglé à une certaine somme suivant les mémoires qui lui seront donnés ; et pour obtenir la dicte exemption, le logement de gens de guerre, et remise des dictes tailles et autres impositions, aides, et subsides pour dix ans ou plus, si faire se peu, et, après ledit temps, un règlement de ce qu'ils paieront à l'avenir, lesdits habitans donnent charge audit sieur Collineau d'aller à la cour au conseil pour attaindre où il conviendra, promis en rembourser les frais de son voyage et des susdites expéditions suivant le mesmoire qu'il en fera ; et ont tous les dicts habitants signé.

Signé : Renaudet, Chabiran, Collineau, Bertrand Guérin, Affaneur, Babin, Tapissier, Cadet, J. Basset, Savarie, L. Laurane, J. Bossion, Sarrazin, J. Arnaudet, H. Bertin, Garnier, A.

---

rac-du-Bouillon, ancienne noblesse de Normandie, élection de Caen. Il y a dans la même élection un sieur de Mesniville. »

Le combat de Préguillac près Pons est assez célèbre dans l'histoire de la fronde en Saintonge.

Peannié, P. Gouraud, Pinson, Giraudot, Sarrazin, Dussaud, Guérin, Gourdon, Guesnaud, D. Jollet, Dumorisson, Blondet et Olanier, greffier. OLANYER, greffier.

XXIII

1652 ?. — RELATION DU SIÈGE DE COGNAC.

Précis de partie de la relation du siège de la ville de Cognac. [1]

Monsieur le prince de Condé, ayant été créé gouverneur de Guienne à la place de M. le duc d'Epernon qu'on avoit démis de cette charge, à la poursuite qu'en avoit faite les armes à la main la séditieuse populace de cette province, il se trouva dans la ville de Cognac quelques personnes de ce caractère, esprits ruzés qui vouloient persuader de détourner

---

1. Cette relation anonyme n'a probablement jamais été imprimée. Il en existe des copies qui circulaient dans le pays. J'en ai une, que j'ai comparée à celle du recueil Albert, et je me suis servi des deux pour établir mon texte. Je publie cette pièce, malgré toutes ses incorrections, parce qu'on y trouve des détails curieux qui ne sont pas dans les documents réimprimés par M. P. de Lacroix. La pièce intitulée « *Relation véritable de ce qui s'est passé à la levée du siège de Coignac par l'armée du Roy commandée par monsieur le comte d'Harcourt, à la veüe du Prince de Condé;* à Paris, par les imprimeurs et libraires ordinaires du Roy, M. DC. LI. avec privilège de Sa Majesté, » est un petit in-quarto de 14 pages. Je lis dans une note d'Emile Albert : « J'ai confronté mot à mot le récit de l'imprimé dont s'agit avec celui d'un autre imprimé, à moi communiqué par M. Castaigne, bibliothécaire à Angoulême, en l'année 1846. Le récit des deux imprimés est exactement le même; quelques rares différences d'orthographe ne valent pas la peine d'être remarquées. Seulement l'imprimé que possède M. Castaigne porte l'indication de libraires ou imprimeurs à Rouen, et le numérotage des pages qui ne sont qu'au nombre de 8 au lieu de 14 est celui-ci: 2, 3, 4, 9, 10, 11, 12. Ainsi le récit de l'opération du comte d'Harcourt à Cognac, en novembre 1651, a été imprimé à Paris et à Rouen. » Je complète cette note par l'indication des libraires de Rouen que je trouve dans la copie d'Emile Albert, t. xxx, p. 205 : « à Rouen, chez Estienne Vereul et Jacques Hérault, dans la cour du Palais, MDCLI, avec permission. » Le format indiqué est petit in-quarto.

le mal par l'offre d'une somme d'argent qui excédoit une fois
ce que le légitime héritier de cette couronne tiroit chacun an
de notre abonné. Ce damnable procédé vint à la connoissance
de M. Desfontenelles, capitaine au régiment de Piémont, à qui
la cour n'avoit jugé à propos de refuser le congé pour revenir audit lieu de Cognac, sa patrie, après vingt-deux ans de
services. Il tient secrète et tait cette proposition, et la ren-
verse par un sentiment contraire qu'il connoît devoir être
approuvé de chaque bourgeois, artisans et particuliers de
ladite ville.

Quelques jours après, le sieur de Montausier, gouverneur
de cette province, arrive de la cour, escorté des habitans de
Saint-Jean d'Angély, auxquels se joignirent plusieurs de Cognac, avec nombre de gentilshommes pour le conduire en
sûreté dans la capitale de son gouvernement, sans que les
ennemis osassent entreprendre de l'arrêter, comme ils
avoient fait le dessein, quoiqu'ils passèrent à leur vue. Ce
seigneur remercia cette compagnie avec beaucoup de civili-
tés à son arrivée à Angoulème, les encouragea à bien servir
le roi et bien deffendre la ville.

Les gentilshommes ensuite proposèrent de donner avis à
la cour du dessein qu'a l'armée qui ravage le pays, et d'assurer le roi de leur obéissance et de celle des bourgeois et
habitans. On députe vers M. de Jonzac, gouverneur de la
ville, qui étoit au château, pour se trouver à cette assemblée;
lequel, après avoir loué ce dessein, promet de s'y trouver,
et supplie de remettre jusqu'à certain jour déterminé. On
diffère; au jour arrêté, on lui envoie une seconde embassade
égale à la première. Tous se trouvent au lieu assigné, sans y
voir celui qui avoit tant de passion de s'y trouver. Ils
élisent leurs députés pour la cour et ordonnent un conseil de
guerre; trois nobles et trois bourgeois forment une chaîne
d'union indissoluble. Ils font remédier aux brèches du
mieux possible, retiennent les poudres chez les marchands,
donnent argent pour en faire venir et faire provision pour

le besoin, comme aussi des balles et autres provisions et munitions.

Le 1er novembre 1651, ils font revue et trouvent huit cents personnes capables de se bien défendre et très résolues. On reçoit une lettre de M. le comte de Jonzac, qui donne avis qu'on doit en peu investir la place et ville de Cognac. En effet, le six du même mois, on investit la place, les troupes ennemies l'étant venue reconnoître; et le sieur de Bellefonds fut très content de l'ardeur et disposition des habitans et de l'affection que chacun portoit au sieur Desfontenelles, duquel il se promettoit tant, et qui eut toujours la communication de ses secrets, ce qui plut fort aux bourgeois. Après l'entrée dudit sieur de Bellefonds, le sieur de Jonzac entra, et madame sa femme [1] et quelques personnes de sa suite qui furent pour la garde particulière du château; mais cette dame, peu jalouse de la gloire de son mari, manda quelques dames de la ville qu'elle harangua d'une façon contraire à leurs sentimens, leur disant que jusqu'alors elle avoit cru trouver beaucoup de femmes d'honneur dans Cognac, mais que, si elles ne dissuadoient leurs maris de leur entreprise, l'entière ruine de leur ville étoit indubitable. « Vous ne me voyez, leur dit-elle, que pour vous représenter ce qui est de votre devoir, et offrir mon assistance à des personnes que je vois comme perdues d'honneur, si vous n'acceptez pas l'offre que je vous fais sur mon départ. » Elle monta ensuite en son carrosse, et passa au milieu des troupes ennemies, le jeudi 9e novembre 1651, que les dames de Cognac avoient refusé l'offre de leur gouvernante, contentes de l'accompagner des yeux, demeurant sans crainte sur les remparts de leur ville; et l'objet qui leur est le plus agréable est une demi-lune qu'on avoit fait à la

---

1. Marie d'Esparbez de Lussan, fille du maréchal François d'Esparbez, seigneur de Lussan, et d'Hippolyte Bouchard, vicomtesse d'Aubeterre.

porte angoumoisine, munie de gens bien disposés à se défendre.

Le prince de Tarente commandoit au faubourg, et le
sieur de La Rochefoucauld commandoit comme général à la
porte angoumoisine, à une portée et demie de mousquet de
la place, parce qu'il sait qu'elle est dépourvue de canon. Il
fit mettre quatre pièces de canon de fer pour battre la demie-
lune, à la faveur desquelles il envoya un trompette pour
sommer de rendre les clefs. Sur quoi, ledit sieur Desfontenelles et Rignol le jeune, La Chartrie ou Morice Gay, neveu du capitaine Desfontenelles, [1] et quatre autres sortent,
qui s'arrêtent sur le chemin, y font leur décharge qui est
incontinent secondée par les habitans qui sont sur le rempart.

L'artillerie des ennemis, qui étoit entre Cagouillé et le
temple des huguenots, tira jusqu'à dix fois sans faire aucun
mal que renverser une cheminée. Le boulet fit son trou à un
contrevent éloigné de cinquante pas de l'endroit qu'ils vouloient battre, et s'emparèrent la nuit suivante de tous les
endroits circonvoisins avec beaucoup de bruit.

Le vendredi 10ᵉ, les escarmouches commencèrent de part
et d'autre. Les ennemis tiroient sans cesse de Cagouillé, du
clos et des Cordeliers, et de derrière toutes les murailles de
Gâtebourse, où ils portèrent leur batterie, qui joua tout le
samedi onze, jour de Saint-Martin, contre la porte du même
nom. Un habitant, dit Nouveau, fut blessé, faisant son devoir
derrière la courtine, vers Cagouillé.

M. de La Rochefoucauld, ayant envoyé un trompette pour
demander deux habitans, promettant tels otages qu'on voudroit, il fut introduit dans la ville, les yeux bandés, ensuite

---

1. Maurice Gay, fils de Pierre Gay, avocat du roi au siège de Cognac, et
d'Anne Griffon, fut baptisé à Saint-Léger, le 17 juillet 1634, et eut pour parrain Maurice Pepin et pour marraine Hélène de Pontlevain, femme de Jacques Bernard, sieur de La Chaudronne.

renvoyé par le sieur de Bellefonds, du consentement de tous les habitans, sans avoir voulu recevoir ses propositions. Le canon ne tua dans la ville qu'un nommé Joyet, recouvreur, et un avocat nommé Giraudon, qui étoit accouru un jour aux fenêtres de la tour de Lusignan pour voir la fuite de l'ennemi et l'approche du sieur d'Harcourt.

Plusieurs attaques se donnèrent à la demie-lune de la porte angoumoisine. M. le prince de Condé arriva le 14, fort chagrin qu'une place qui devoit être prise en 24 heures eût tenu tant de jours. Il veut presser et finir avant le jour; mais la pluie qui continue, la rivière qui est débordée, ayant rompu son pont de communication, tout cela l'embarrasse extrêmement. Néanmoins, il enjoint à ses gendarmes de descendre de cheval et conduire le mineur qu'il veut faire attacher à la tour. Pour lors, un bourgeois, nommé Renaut, faisant une ronde, avertit de jetter du feu dans le fossé, où il y avoit quelqu'uns qui disoient: « Taisez-vous, taisez-vous. »

Le sieur chevalier de Marcillac monta sur la courtine, où, dans une position aussi dangereuse que peu commode, il tira autant de coups qu'on lui put charger d'armes; et un tailleur nommé Monmoine fit tomber un carreau du rempart qui sépara les ais qui couvroient le mineur, et on en découvrit deux qui furent tués et deux qui s'étoient rendus. L'un se trouva mort, lorsqu'il fut élevé en haut, et l'autre qui étoit gendarme de M. le prince, fut porté au lit pour être pensé de ses blessures. On sut de lui l'arrivée de M. le prince, leur maître. Ce qui chagrinoit outre mesure M. le prince, c'est de voir que la rivière l'empêchoit d'envoyer un secours à ses gens de l'autre côté. Il court, il voudroit faire passer la cavalerie, laquelle s'arrêta avec lui dans le petit parc, d'où ils voyent la défaite de leurs compagnons, sans les pouvoir secourir.

Le mercredi, 15 novembre, M. d'Harcourt bloqua les ennemis de toutes parts, et avec sa cavalerie qui s'étendoit le long de la rivière, il empêcha le train des bateaux. Ceux du faubourg hasardèrent quelques hommes dans un bateau, pour porter nouvelle à M. le prince, leur maître, qu'un autre prince étoit sur le point de les charger, ce qu'il voyoit aussi; mais les mauvais bateliers furent poussés sous le pont par l'impétuosité des eaux, où ils furent tués à coups de fusils.

Ils n'eurent pas moins d'avantage de Roquerivière [1], de Châteauchenel et quelques autres qui, nous ayant donné ordre de faire monter quelques gabarres, afin d'introduire des soldats dans la ville pour attaquer le faubourg de tous côtés sans perdre les habitans qui firent ce devoir à leur défaut, le sieur comte d'Harcourt fit reconnoître le lieu et toutes les avenues, les attaques qu'il devança par un trompette avec réitérée sommation de se rendre. La première fut refusée et la seconde menaçoit de la corde. Ils continuèrent de dire qu'ils résisteroient huit jours, si le secours n'étoit que de 4,000 hommes; et cependant ils furent forcés par 1,200 hommes, dont 400 de cavalerie qui n'étoient que de nouveaux assemblés. Cette arrogante réponse fit résoudre au carnage celui qui vouloit épargner le sang. Il est à remarquer que les recrues du sieur d'Harcourt étoient presque sans armes. Les bourgeois donnèrent aussi du côté de la ville; et en moins d'une heure ces gens si fiers furent forcés sans qu'un seul évitât la mort ou la prison; et dans tout ce carnage il n'y eut pas 30 hommes tuez ou blessez des troupes du roi. Après quoi M. le comte d'Harcourt entrant dans la ville tint toujours le sieur Desfontenelles sous le bras tout le long du pont, où le sieur comte de Jonzac lui fut au devant. Entré dans la ville, il y passa la nuit que le prince de Condé avoit destinée à sa destruction. [2]

---

1. Il faut lire Rocque-Servière. « La terre de La Rocque-Servière ayant appartenu aux Gouffier, dit M. P. de Lacroix, c'était, il est probable, un descendant de cette famille. »

2. La ville de Saintes, moins heureuse que Cognac, fut prise.
Le recueil Albert, à la bibliothèque de Cognac, série in-4º, t. XIX, p. 725,

Ce siège de huit jours fut le commencement de la ruine de l'armée du prince. Il n'y fut tué que deux hommes et un jeune enfant qui se présenta avec des pierres à un créneau. Trois ou quatre furent légèrement blessés, ceci du

---

contient l'imprimé suivant : « A Bourdeaux, par G. de La Court, imprimeur ordinaire du roy et de Son Altesse, 1651 ; » in-4º de 8 pages :

« Articles de la capitulation faite aux habitans de la ville de Saintes par messieurs le prince de Tarente et duc de Richelieu, généraux de l'armée du roy, sous l'authorité et en l'absense de monsieur le prince.

1. Les habitans de la ville de Saintes ouvriront leurs portes et donneront entrée aux troupes commandées par lesdits seigneurs, sans qu'il soit par lesdites troupes fait aucun dommage, acte d'hostilité ny violence ausdits habitans de la ville et fauxbourgs en leurs personnes ou biens, au dedans ou au dehors de ladite ville.

II. Que lesdites troupes entreront en ladite ville au moindre nombre que faire se pourra ; et, en cas qu'on veuille y establir garnison pour la seureté de la place, tous les gens de guerre, autres que ceux qui seront destinez pour ladite garnison, seront renvoyez et logez hors de ladite ville, fauxbourgs et banlieue, le plus promptement et aussitost après l'establissement de ladite garnison, sans qu'en l'estendüe de ladite ville, fauxbourgs et banlieue, il y soit fait autre logement de gens de guerre.

III. Qu'il sera pourveu promptement à la subsistance desdites troupes et garnison par les commandans et monsieur l'intendant de ladite armée ; et jusques à ce les habitans leur fourniront les vivres, suivant les règlemens de sa majesté, sans que les gens de guerre puissent, pendant ledit temps ny après, exiger argent ny autre chose quelconque de leurs hostes.

IV. Demeureront lesdits habitans dans le libre exercice de l'une et l'autre religion, tant les ecclésiastiques et officiers de sa majesté, vefves desdits officiers, que le corps de ville et autres communautez en toutes leurs franchises, privilèges et immunitez, sans qu'en ce il leur soit fait aucun préjudice, trouble ny empeschement, ny mesme au maire de ladite ville, qui demeurera dans l'exercice de sa charge et droits en dépendans, sans que luy ny autres desdits officiers ou habitans soient obligez à autre serment que celuy qu'ils ont cy devant fait au roy.

V. Qu'il ne pourra estre fait aucunes taxes, impositions ny levées nouvelles et extraordinaires sur le général ou particulier desdits habitans, soit pour la subsistance de ladite garnison ou pour quelqu'autre raison et prétexte que ce soit, ny mesme pour les fortifications de la place, au cas qu'on en voulust faire aucunes ; au travail desquelles lesdits habitans ne pourront estre contraints de contribuer.

VI. Qu'il sera libre aux habitans qui voudront sortir de la ville et fauxbourgs de le faire, et emporter ou faire emporter leurs meubles ou marchan-

côté des habitants. Il y eut pourtant un charpentier à qui on coupa la jambe. On transporta plusieurs des ennemis à Saintes dans des bateaux, dont il en mourut plusieurs.

Il est à remarquer que, pendant le siège, on conseilla à M. de Romas, à M. Allenet et à M. de Combizant de se retirer hors de la ville. M. Desfontenelles leur offrit Toury, son valet de chambre, pour les escorter en Ars. En effet, ils furent très bien reçus au château d'Ars, par la dame, madame d'Ars, et par messieurs ses enfans puisnés. [1]

---

dises, sans qu'en ce il leur soit fait aucun empeschement ny violence dans leur personne ou bien ès lieux où ils se retireront.

VII. Que les armes desdits habitans seront représentées de bonne foy par devant les commissaires qui seront nommez par lesdits seigneurs et mises en un lieu fermant à deux clefs, dont l'une sera délivrée au commandant de ladite garnison, et l'autre ès mains du maire de ladite ville, pour estre rendüe à chacun desdits habitans à qui elles appartiendront ; et à ces fins en sera fait un inventaire par le maire qui sera signé du commandant, sans en ce comprendre les armes qui sont ès mains des boutiques des marchands qui en font trafic.

Les articles et capitulation cy dessus ont esté accordez suyvant la proposition qui en fut faite le jour d'hier, vingt-huictième du présent mois, pour estre exécuté de bonne foy, en cas que, dans mardy prochain dernier jour dudit mois, à huict heures du matin, ladite ville ne soit secourüe de huict cens hommes de pied et deux cens chevaux. Et pour l'exécution, ont esté baillés pour ostages de la part desdits habitans, les sieurs Esneaut, conseiller au siège présidial de ladite ville, et Raymond, advocat et eschevin de ladite ville, et de la part desdits seigneurs, le sieur de Chailonnay, lieutenant colonel du régiment d'Aunis, et le sieur de Boismalet, lieutenant de l'artillerie de ladite armée, cessans cependant et jusques à l'exécution tous actes d'hostilité. Fait et arresté au camp de Sainct-Georges des Cousteaux, le vingt neufième jour d'octobre mil six cens cinquante un, par lesdits seigneurs de Tarente et de Richelieu, et par les sieurs Dequip, Bibar, Marchais, Moreau, Fremi, et de Jean Daubas, députez de ladite ville et fauxbourgs pour ledit traité.

Signé : le Pr. de Tarente. »

1. Madame d'Ars, Marie de Verdelin, dont le mari, Jean-Louis de Bremond, baron d'Ars, et le fils aîné, Josias, marquis d'Ars, étaient parmi les défenseurs de la ville de Cognac, resta au château d'Ars avec ses enfants « puînés », c'est à dire : 1º Pierre, dit monsieur de Migré, qui fut blessé au combat de Montancès en Périgord (1652), où fut tué Josias, son frère aîné ;

XXIV

1652-1653. — **Pillage du logis de Léclopard par François Laîné de Nan-clas, de Marsillac et autres. Plainte portée contre eux au conseil du roi par Nicolas et Pierre Prévostière, sieurs de Léclopard. Ordonnance de règlement de juges.** — *Original sur papier libre ; bibliothèque de Cognac, fonds divers, carton nº 9.*

Louis, par la grâce de Dieu, roy de France et de Navarre, au premier des huissiers de nostre grand conseil, en ce quy est exécutoire à notre cour et suitte, et hors d'icelle au premier nostre autre huissier ou sergent sur ce requis, salut. De la partie de nos bien amés Nicollas et Pierre Prévostière père et fils, sieurs de Lesclopart, a esté à nostre dit conseil présenté requeste, contenant que, le dix septiesme aoust 1652, François Lesné, sieur de Nenclas, lieutenant au régimant de cavallerie du sieur conte de Jarnac, assisté de nombre de cavalliers, furent sur la minuict en la maison dudit lieu de Lesclopart [1], apartenant auxdits supliants quy est eslongnée de la ville de Cognac d'une licue, quy demandèrent à loger ; et estant une heure indue, ledit Pierre Prévostière leur auroit reffuzé de les loger. Ce que voyant, ledit sieur de Nenclas dit tout haut audit Prévostière que la maison seroit pillée et bruslée ; et ce qu'il réitera au lande-main audit Pierre Prévostière, le rencontrant en ladite ville de Cognac. Et exécutant lesdites menasses, le dimanche suivant, ledit sieur de Nanclas envoya quatre cavalliers ar-més d'espées, fuzilz et pistollets, de sa compagnie, audit lieu

---

2º Jacques, marquis d'Ars, marié plus tard (1662) à Marie de La Tour de Saint-Fort, dame d'Angeac ; 3º autre Pierre, qui n'était alors âgé que de 9 ans, et qui fut seigneur de Migré, après la mort de son frère, et qui avait été son parrain. Ce sont les « puisnés » indiqués dans cette *Relation.*

1. Commune de Gensac-Japallue, canton de Segonzac.

de Lesclopart, où estoit ledit Nicollas Prévostière, aagé de soixante douze ans, et lesquelz estant entrés, les receut avecq civilité et leur fit faire collation; mais iceux cavalliers qui avoient dessin pernicieux contre lesdits supliants commancèrent à se saisir des armes quy estoyent en ladite maison et se saisirent de la personne dudit Prévostière père qu'ils voulloyent tuer, et le frapèrent du fus de l'un de leurs fuzils ; lequel s'eschapant d'eux fut contraint, pour éviter le péril de sa vie, de se retirer en ladite ville de Cognac. Ledit sieur de Nanclas, ayant apris que les fuzilliers n'avoyent exécuté le dessin qu'il leur avoit commandé d'assassiner lesdits suplians, le landemain, quy estoit le vingtiesme dudit mois, vint avecq sa compagniée, au nombre de plus de soixante cavaliers, audit lieu de Lesclopart, où il pilla tous les meubles, papiers, argent et tout ce quy est audit lieu de Lesclopart, et y demeurent cincq jours à consommer et emporter tout ce quy y estoit, pendant que lesdits suplians estoient audit Cognac, lesquelles viollances, assassins et voyes de fait les suplians en ont randu leur plainte et fait informer pardevant le premier lieutenant du prévost et visséneschal de Xaintonge, quy auroit descrété décret de prise de corps contre ledit Laisné, sieur de Nanclas, et ses complices, le vingt-deux dudit mois et an ; et pour ce mettre par eux à couvert et empescher la poursuite quy se faisoit de la punition de leur crime, ont suposé une prétandue plainte, et sur icelle fait informer par devant le lieutenant en la mareschaussée d'Angoulesme, prévost particulier de Cognac, proche parant dudit de Nenclas, quy auroit pareillement décrété décret de prise de corps contre lesdits suplians, le vingt quatre dudit mois, ce quy fait nestre un conflict de jurisdition et quy contraint lesdits suplians d'avoir recours à l'othorité de notre conseil, pour leur estre pour ce pourveu. A ces causes, auroyent lesdits suplians requis commission leur estre dellivrée aux fains cy après, ce que nostre dit conseil auroit ordonné. Pour ce est-il que nous, en suivant l'ordonnance de notre dit conseil, èt à la requéste desdits suplians, te mandons assigner en nostre dit conseil ledit Laisné, sieur de Nenclas, le sieur de Marsillac et autres qu'il apartiendra, pour ce voir régler de juges devant ledit premier lieutenant du prévost et viséneschal de Xaintonge et ledit lieutenant en la mareschaussée d'Angoulesme, prévost particullier dudit Cognac; ce faizant, faire ranvoy du procès et différand des partyes pardevant le premier lieutenant du prévost et viséneschal de Xaintonge, ou par devant tous autres juges ausquels nostre conseil jugera la cognoissance en debvoir apartenir, avecq despans, dhommages et intérests. Et cependant, et jusques à ce qu'autrement par nostre dict conseil en ayt esté ordonné, fait inhibitions et deffances ausdites partyes de, pour raison de ce que dessus, circonstances et despandances, se pourvoir ny faire aulcunes poursuittes ny proceddures par devant lesdits juges ny ailleurs qu'à nostre dict conseil, et ausdits juges et tous autres d'en cognoistre à peyne de nullité, cassation de proceddure et de quinze cens livres d'amandes, despans, dhommages et intérests, et outre fait commandement audit greffier desdits juges, leurs clercqs ou commis d'envoyer incontinant et sans dellay au greffe de nostre dict conseil, moyennant sallaire compétant, la proceddure criminelle, charge et informations qu'ils ont entre les mains concernant que dessus, et, en cas de reffus ou dellay, les assigner en nostre dict conseil pour en dire les causes et ce voir condempner en tous les despans, dhommages et intérests desdits suplians, à la charge de faire signiffier ces présentes et donner les assignations dans un moys, et ceux contre lesquels il a décret tenus à ce présenter en l'audience de nostre dit conseil; autrement lesdites défenses levées? et sans préjudice de ladite exécution des décrets; de ce faire te donnons pouvoir, sans pour ce demander placet ny pareatis. Donné à Paris, le dix septiesme de jeuin, l'an de grâce mil six cent cinquante trois, et de nostre règne le unziesme. Signé par le roy à la relation des gens de son grand conseil, et Herbin, et scellé de siré jeaune à queué pendante.

L'an mil six cents cinquante et trois et le vingt troisiesme jeuillet, après midy, je soussigné, sergent royal, certiffie avoir, par coppie de la commission de l'autre part, signiffié le conteneu en icelle à Toussaint Pottet, greffier en la mareschaussée d'Angoulmois, aux fins qu'il n'en peut ygnorer, et à icelluy fait commandement de porter ou envoyer au greffe du conseil du roy les pièces et procédures, décret et mantion en ladite commission cy dessus, à sallaire compettant ; lequel Pottet a faict responce qu'il est prest d'obéir au conteneu en ladite commission, à sallaire compettant. Faict présens maistre Simond ? Héraud, archier, et maistre Jehan Boisseau, aussy archier du ...séneschal? d'Angoulmois, tesmoins requis. BOURBEAU, *sergent royal*.

XXV

1656, 4 décembre. — Extrait de la récusation proposée par Jacques Peluchon-Destouches, contre François Aigron, sieur de Combizant, lieutenant général à Cognac, à l'occasion d'une contestation survenue entre eux, lors du siège de la ville. — *Original sur papier dans les archives de la famille Pelluchon-Destouches.*

A la requeste de Jacques Peluchon, sieur des Touches, et l'un des eschevins du corps et collège de la maison commune de cette ville de Cougnac, soit signiffié et deuemant déclaré, tant à monsieur Pierre Gaillard,[1] que à messieurs

---

1. Par exploit de Bourguignon, sergent royal à Cognac, du 5 décembre 1656, cette récusation fut signifiée tant aux magistrats du siège royal récusés qu'à Pierre Gaillard, qualifié conseiller du roi et son procureur en l'élection de Saint-Jean d'Angély. Il était fils de Simon Gaillard, sieur de l'Isle Mosnac, et d'Elisabeth Payen ; son père avait épousé en secondes noces Anne Desmontils. Suivant contrat de mariage reçu Nouveau, notaire à Cognac, le 5 mars 1654, il s'était uni à Jacquette Pelluchon, fille de Jacques Pelluchon, sieur des Touches, et échevin de Cognac, et de Marguerite Foucques. Cette

François Aigron [1], Nicollas Guérin, Morice Pepin et Pierre Gay, président lieutenant général, particullier et conseillers juges magistrats au siège royal dudit Cougnac, que ledict Peluchon est [et] ce porte pour appellant de certain jugemant et santance randue par lesdits sieurs lieutenant particullier ét Gay, au proffit dudit Gaillard, contre ledit Pelluchon, le douziesme jour d'aoust dernier mil six cens cinquante-six, ensemble du jugemant randu le deuxiesme du présent mois, sur requeste présantée par ledit Gaillard audit sieur président lieutenant général, le tout tant pour avoir esté précipitamant donné contre ledict Peluchon, que pour autres

---

dernière mourut avant le 23 février 1658. Simon Gaillard avait constitué en dot à son fils l'office de conseiller et procureur du roi alternatif de l'élection de Saint-Jean d'Angély dont il l'avait fait pourvoir. Par advenant du 16 avril 1654, Pierre Gaillard expose que, depuis le contrat de mariage, il a lu une déclaration du roi portant suppression de plusieurs offices dans les élections, et notamment de l'office de procureur du roi en l'élection de Saint-Jean d'Angély, et il fait observer qu'attendu cette suppression il ne serait pas juste qu'il rapportât la valeur de cette charge à la succession de son père. Ce dernier, pour l'indemniser, lui constitue une maison située à Cognac, rue des Trois Marchands, qu'il a acquise de Pierre Prévostière, sieur de Léclopart, confrontant au logis où pendent pour enseigne les Trois Marchands. Il est convenu qu'il ne sera tenu de rapporter pour la valeur de cette maison que douze cents livres, et que, dans le cas où, dans un délai de deux ans, le roi rétablirait cet office, Gaillard père ne pourra se prévaloir de la remise qui lui en est faite et qu'il demeurera à son fils, tandis que la maison sera restituée à Gaillard père. Cette éventualité s'était réalisée ; car, le 5 décembre 1656, le titre de procureur du roi en l'élection de Saint-Jean d'Angély est donné à Pierre Gaillard, gendre de Jacques Pelluchon, avec lequel il était en procès, à cause de la dot de sa femme ; il intervint entre eux à ce propos une sentence du siège royal de Cognac, le 22 février 1658. Il est à remarquer néanmoins que, le 5 décembre 1656 et le 22 février 1658, Pierre Gaillard habitait encore Cognac, bien qu'on lui donnât, à la première de ces dates, le titre de procureur du roi à l'élection de Saint-Jean d'Angély.

1. François Aigron, fils ainé d'Abraham Aigron, sieur de La Motte, conseiller du corps de ville d'Angoulême, porta le nom de Combizant à cause d'un fief situé près de Montignac ; sa famille en était originaire. Après avoir porté l'épée, il fut lieutenant particulier au présidial d'Angoulême, président et lieutenant général à Cognac et vice-sénéchal d'Aunis, de Saintonge et d'Angoumois. Vigier de La Pile dit qu'il mourut riche et fort estimé.

torts et griefs que ledit Pelluchon desduirae n temps et lieu, ainsy que de raison; proteste, où il sera passé outre, de nullité, cassation de proceddure... (*Formules*) déclarant, en cas que besoin soit, que lesdits sieurs président lieutenant général, particullier, Pepin et Gay, conseillers, luy sont suspecqs, et à cette fin les récusent pour les raisons cy après, savoir : ledict sieur président lieutenant général....... Plus l'année mil six cents cinquante un, et environ trois ou quatre jours avant le siège mis devant cette ville par les ennemis de samajesté, un soir, sur l'heure de huit à neuf heures, ledict Peluchon, suivant l'ordre à luy donné de faire ronde pour la garde et conservation de cette ville à sadite majesté, il auroit rancontré ledict sieur Aigron, au corps de garde et poste du pont, quy disoit à ceux quy estoient de garde qu'il venoit de sa maison de Saint-Simon et avoit veu en ses quartiers la partye et l'armée des ennemis de sadite majesté, où il y avoit plus de cinq mil cavalliers et grand nombre d'infanterie, et que ainsy il ne jugeoit pas que les habitans de cette ville peusse soubstenir un siège de cette conséquance. A quoy ledit Peluchon dit civillemant qu'il né falloît point faire se discours en ce lieu là, et que cella pourroit inthimider les habitans, sans quo ledit sieur président lieutenant général y fist aulcune response; et à l'instant ce mit à fairé lecture de quelques imprimés advautageux pour lesdits ennemis, ce que veu, ledit Peluchon ce seroit retiré pour continuer son ordre; despuis quoy ledit sieur lieutenant général luy a tousjours tesmongné une hayne...

Fait à Cougnac, le quatriesme décembre mil six cents cinquante six.

J. PELLUCHON.

XXVI

1657. — Requête présentée par les habitants de Genac aux officiers de l'élection de Cognac, pour obtenir une décharge de taille. 1 — *Original conservé dans les minutes de M° Callandreau, notaire à Cognac.*

A messieurs les prezidants, lieutenant et élus de l'eslection de Cougnac.

Suplient humblemant les pauvres manans et habitans de la parroisse de Genac [2], dizant que, c'il y a une pauvre parroisse dans vostre eslection, c'est la leur, n'y ayant ne foire, ne marché, ny aulcun traffict. Outre la surcharge des tailles qu'ilz ont heu, ilz ont heu vingt logemant de gens de guerre ou plus, qu'ils leur ont faict un très grand dezorde et dégast ; les ungz y ont demeuré quatre jours du moingt, les autre huit, et les autre quinze et jusque à un mois, sans en partir ; de fasson qu'ilz ont ruyné tout à faict les suplians, soit tant pour leur avoir mangé et disipé leurs biens meubles qu'ilz avoyent ; ne ce contantant pas de sela, auroyent en beaucoup d'endroict ronpu et faict bruler leurs meubles, ce qu'ils ne pouvoist emporter, bastant et maltraictant les suplians. Voyant cela, auroyent estés contraints de quitter et abandonner leurs maisons ; et après, iceux gens de guerre montoyent sur icelles maisons et gestoyent la charpante et tuille à terre. Les ungts, pour empescher de perdre tout à faict leurs maisons, auroyent emprunté et faict donner par quelque gentizommes quelque argent qu'ils doibvent ancore, outre et pardessus les commissions et taxes qu'ils

---

1. Cette pièce et la suivante donnent une idée de la misère des campagnes après la fronde. On pourra les rapprocher de l'*Extrait des pertes et taux non payés de la paroisse de Cellefrouin, en l'élection de Saint-Jean-d'Angély, tiré des rôles d'icelle, ès années 1638, 1639 et 1640*, publié par M. Lièvre, p. 96 du *Bulletin de la société archéologique de la Charente*, année 1881.

. 2. Genac, canton de Rouillac, arrondissement d'Angoulême.

leur faizoient payer par force; de sorte que, après cela, ayant perdu tous leurs meubles, blés et grains, la plus grande partie des habitans auroyent estés contraints de quitter et abandoner leurs biens. Les ungs s'en sont allés par le pays mandier leur pain, et les autres ont quitté la parroisse aussy et s'en sont allez en mestarie et bordrie, et les autres qui sont morts de la grande pauvreté qu'ils ont enduré et ont lessé leurs pauvres femmes vefves et leurs petis enfans mineurs qui vont mandier leur pain, qui sont : premièrement, Pierre Voys et Magdellaine Bonnin, sa femme, qui sont morts, qui ont lessé de petis enfans qui ont quitté ladite parroisse et s'en sont allés demeurer en la parroisse de Marsat, et par ainsy est un taux perdu, qui payoient par chacun an de taille la somme de quatre vingts dix livres ; Michel Ruaud, qui est aussy mort, où ces créantiers ont prins son bien, qui sont demeuranz en autre parroisse; lequel payoit aussy par an de taille quatre vingts livres, où ledit taux est ausy perdu ; Jehan Simon, qui est aussy mort, qui payoit quarante cinq livres, où le taux est aussy perdu, n'ayant lessé que de petis mineurs qui vont mandier leur pain ; Guillaume Simon, dict le marchant, qui est aussy mort, où sa vefve et enfans ont quitté la paroisse et ont estés demeurer en celle de Marsat, qui est aussy un taux perdu, qui avoyent acoustumé payer par an quatre vingts livres; Ozanne Baud, qui est aussy morte, qui a lessé des enfans mineurs qui vont mandier leur pain, où les créantiers ont prins ces biens, qui sont demeurant hors la parroisse, qui est aussy un taux perdu, qui payoit par an cinquante livres; Guillaume Raymond, la mesme chose, qui payoit trente livres ; Jehan Bresdon, qui a quitté et abandonné son bien, qui payoit soixante livres par an, où le taux est aussy perdu; Maistre Anthoine Jamain, qui a quitté la parroisse et est allé demeurer en celle Chillé, qui payoit par an cent livres, qui est aussy un taux perdu; Pierre Paziot, qui a aussy quitté et est allé en mestarie hors la parroisse, qui payoit quatre vingts livres; Nouel Ardhuin, qui est aussy allé demeuré en celle de Bignac, qui payoit quinze livres; les héritiers d'Anthoine Fradonnet, qui ont estés demeurés en celle de Saint-Cybardeaux, qui payent aussy par an trente livres; Thomas Raffaut, qui est aussy allé en ladite parroisse de Saint-Cybardeaux, qui payoit quarente livres; Mathurine Thiffon, qui est morte, où ces héritiers sont demeurants en celle de Saint-Amand, qui est aussy un taux perdu, qui portoit par an quarente livres; Jehan Catellineau le jeune, qui est allé aussy demeurer en celle de Marsac, qui payoit dix livres; Pierre Berton, qui est aussy allé en ladite parroisse de Saint-Cybardeaux, qui payoit quinze livres; Mathieu Gardel, qui s'en est allé par le pays mandier son pain, qui payoit par an cinq livres, où le taux est aussy perdu; Louis Péraud, qui a aussy quitté la parroisse et est allé en celle de Bignac, qui payoit par an soixante et dix livres; Jehan Hunaud, que son bien est en dégret pour cauze de la taille, qui c'est allégé au sieur receveur? d'icelle, où par ce moyen son taux est perdu, qui payoit par an quarente livres; Robert Inbert, la mesme chose, qui payoit par an cent livres; Pierre Guyonnet, aussy la mesme chose, qui payoit trente livres; Robert Guérin, aussy la mesme chose, tous collecteurs l'année 47, qui payoit icelluy Guérin par an quatre vingt livres, où lesdits taux sont aussy perdus, pour cauze que le bien n'est pas faict valloir; Pierre Ballet dict Leclerc, qui s'en [est] allé par le pays, qui a quitté et abandonné son bien, qui payoit par an 30 livres; François et Françoize Grolet, qui s'en sont aussy allez, qui payoyent dix livres; Jehan Fournier, qui a esté en la paroisse de Gourville en mestarie, qui payoit 40 livres. Guillaume Ballet, qui est allé par le pays, où son bien est en dégret, qui payoit par an 30 livres; Pierre Ballet, texier, la mesme chose, qui payoit aussy 30 livres; Phelipe Brisseau, qui est mort, où ces héritiers sont demeurant en celle de Saint-Cybardeaux, qui payoit 15 livres; François Fournier saulnier, qui [est] allé aussy en ladite parroisse de Saint-Cybardeaux, qui payoit 40 livres. Pierre Guerry, qui y est aussy allé en mestarie, qui payoit iiii xx x livres par an. Jehan Duchais, qui a aussy quitté ladite paroisse et est allé en celle de Cliat, qui payoit 10 livres. Nicolas Danjou, qui est allé en celle de Marsac, qui payoit par an 60 livres. François Foubert le jeune, qui est mort, qui a lessé sa pauvre vefve et des petis anfans qui vont mandier leur pain, où ces créantiers font vandre le bien, qui est aussy un taux perdu, qui payoit par [an] 60 livres. Anthoinette Naudin, qui est morte, où ces héritiers sont demeurant à Rouffiac? qui payoit 10 livres. Pierre Coubaud et sa femme, la mesme chose, où leurs héritiers sont demeurant en la paroisse de Gourville, qui payoit 20 livres. Jan Bouyer, qui s'en est allé par le pays mandier son pain, qui payoit 10 livres. François Barré, qui [est] allé en celle de Saint-Cybardeaux, qui payoit 20 livres. Robert Barrouyer et François Bernard, qui ont quitté aussy et s'en sont allés en mestarie en la paroisse d'Auge, qui payoient par an les deux viii xx xi livres. François Coubaud, qui est aussy allé en celle de Bignac, qui payoit 15 livres. Les héritiers de feu Denis Coubaud, qui s'en sont allés en celle de Saint-Cybardeau et Aygres, qui payoit 5 livres. Jehan Audin, qui est allé en ladite paroisse de Saint-Cybardeau, qui payoit 15 livres. Louis Audureau, qui est mort, qui a lessé des mineurs qui vont mandier leur pain, qui payoit 5 livres. Charles Jolly, qui est mort, où ces héritiers, petis mineurs, vont mandier leur pain, qui payoit par [an] 20 livres. Jehan Panissaud, qui est mort, qui a lessé de petis mineurs, ces enfans, qui vont mandier leur pain, qui payoit par an 60 livres, où son taux est aussy perdu. Ces créantiers, qui sont d'autres parroisse, prennent son bien. François Deschamps est allé demeurer en celle dudit Saint-Cybardeaux, qui payoit par an 50 livres. De plus ceux qui ont des mestaries dans les villages de ladite parroisse les lessent à faire valloir, pour cauze de la grande surcharge de la taille, qui sont les sieurs de Chanredon et le sieur Magnem de Marsac et le sieur Delabroue et le sieur Joubert, où les taux d'icelles mestaries est aussy perdu, comme les autres cy dessus, que chacune mestarie portoit sçavoir : celle de Chanredon, soixante et dix livres par an, et celle dudit Magnem autres LXX livres, et celle de Labroue 30 livres, et celle dudit Joubert autres 30 livres, et leurs mestaiers qui ont quitté et s'en sont allés hors la parroisse, où leur taux est aussy perdu, qui payoit par an chacun 20 livres, qui est les quatre IIII XX livres; lesquels sieurs ont lessé leurs dictes mestaries à faire valloir pour cauze de la surcharge des tailles, et que le revenu qu'ils en tiroyent ne valloit pas la taille qu'ils payoit; comme aussy tous les autres habitants qui sont demeurant en ladite parroisse seront aussy contraints de quitter, pour cauze que le revenu de leurs biens ne vaud pas ce qu'ils payent de taille. D'ailleurs ceux qui sont collecteurs, ladite charge les ruyne, par le moyen des grandes pertes et frays qu'ils payent. De plus a arivé en ladite parroisse que la grange et autres bastimans de la mestarie de M. Jan Huguet, notaire royal, a bruslé tout affaict, mesme les murailles ont tumbé à terre, mesme une partie de ces meubles et ceux de son mestayer, avecq tous les pailles, foin, tout son vin, vesseaux et futailles, tout brûla, où icelluy Huguet a de perte de plus de quatre mil livres, et son mestayer plus II C livres, de sorte que sa mestarie, à faulte qu'elle n'a pas esté englavé et faict valloir, ne pourra payer le taux qu'elle avoit, qui est par an IIII XX livres, qui estants avecq les autres susdits taux perdu revenant touttes les susdites pertes, taux perdus à la somme de deux mil deux cent soixante dix livres, de sorte que les pauvres supplians, cy par vostre moyen n'ont soulagement, sont à quitter et abandonner leur bien, aussy comme ceux qui ont quitté.

Ce considérez, messieurs, il vous plaira, de vos grace, droict et équitté, en faizant le départemant des tailles, de descharger les pauvres supplians des susdittes sommes et taux perdus, outre la grande perte qu'ils ont faict et qu'ils ont heu des gens de guerre, qui sont cauze de la mort de pluzieurs habitans, et les ungz qui sont ancore vivant s'en sentiront toutte leur vie des grand exepts qu'ils ont faict à leur personne; et ce faizant ferez bien, et les pauvres suppliants priont Dieu pour vostre santé et grandeur. SAINT-SMONDE?, *procureur fiscal dudit Genac.* DEBRESME. J. HUGUET. PINASSEAU. DUCLOU.

XXVII.

1657, 11 juillet. — Procès-verbal de chevauchée dressé par Henr Mestayer, sieur de Bellejoie, contrôleur en l'élection de Cognac, pour visiter la paroisse de Genac. — *Idem.*

Aujourd'huy unziesme juillet mil six cent cinquante sept, nous Henry Mestayer, sieur de Bellejoye, conseiller du roy, esleu, controolleur en l'eslection de Cognac, sommes avecq le procureur du roy montez à cheval, et ayant aveq nous Denis Nouveau, qu'avons pris d'office pour l'effet de nostre chevauchée, transportez jusques en la parroisse de Genac, chastelanie de Montignac-Cherante, où estant et au devant la principalle porte et antrée de l'églize dudit lieu, avons fait sonner la cloche; auquel son seroient survenus Jean Húguet, notaire royal, Michel Briand, Jean Massicot, Pierre Debresme, notaire, Jacques Duclou, François Salmon, Léonnard Gondier? et autres habitans de ladite paroisse, ausquels nous avons déclaré que nous estions audit lieu pour recevoir leurs plaintes, tant de la stérillité quy peut estre en leur parroisse que des pertes et non valleurs quy sont arrivez en icelle. Lesquels habitans nous ont unanimement dit que ladite parroisse est extresmement pauvre, dans laquelle il n'y a ne foire ne marchez, et qu'il ne s'y fait aucun trafiq; qu'ils ont de tout temps estez surchargez de tailles et autres impozitions; que, pendant les troubles derniers, ils ont eu vingt logement de gens de guerres, lesquels ont ruiné tout à fait lesdits habitans, auxquels ils auroient mangé et dissipé tous leurs meubles et fruits, parties desquels meubles ils auroient fait bruller, et, non contant de ce, auroient monté sur les maisons, rompeu la cherpante et thuilles qu'ils auroient jeté par terre, ce quy auroit obligé une grande partie des habitans de quiter et abandonner leurs biens et d'aller mandier, partie aussy desquels habitans sont morts de pauvreté, et entr'autres Pierre Rouyer et Magdelaine Bonnin, sa femme, quy portoient quatre vingt dix livres de taille; Michel Renaud est aussy déceddé et ses créantiers se sont amparez de son bien, lesquels ne payent aucune chozes, d'autant qu'ils sont demeurant en d'autres paroisses, lequel Renaud portoit quatre vingt livres de taille; Jean Simon, Ozanne Baud, Guillaume Simon dit le marchant, et Guillaume Raymond sont pareillement déceddez et dellaissé des mineurs quy mendient leur pain, lequel Jean Simon portoit quarente cinq livres de tailles, l'edit Guillaume quatre vingt livres, ladite Baud cinquante livres et ledit Raymond trante livres, Jean Bresdon, maistre Anthoine Jamain, Pierre Paziot, Nouel Ardouin, les héritiers d'Anthoine Fradonnet, Thomas Raffaud, Mathurine Tiffon, Jean Catherineau le jeune, Pierre Breton, Mathieu Sardet, Louis Prevaud, Jean Hunaud, Robert Imbert, Pierre Guionnet, Robert Guérin, Pierre Ballet dit Leclerc, François et Françoise Grollet, Jean Fournier, Guillaume Ballet, Pierre Ballet, Phelipes Brissaud, François Fournier, Pierre Guerry, Jean Duchaix, Nicollas Danjou, François Foubert le jeune, Anthoinete Naudin, Pierre Combaud et sa femme, Jean Bouyer, François Barré, Robert de Barouyer, François Brenard, François Combaud, les héritiers feus Denis Combaud, Jean Audouin, Louis Audureau, Charles Jolly, Jean Panisseau, François Deschamps, Michel Chemineau l'esné, Jean Delafond, René Fouchier et Michel Martin, tous habitans dudit Genac, ne sont plus demeurant dans ladite paroisse, les uns l'ayant quitée pour aller demeurer en paroisses circonvoisines, les autres sont déceddez et laissent des mineurs quy mandient leur pain; d'autres sont allez par le pays mandier et les autres sont réduistz à la mandicité, estant obérez de debtes et leurs biens saisis par décrets à la requeste de divers créantiers. De plus, les sieurs de Chanredon, Magnan, Delabroue et Joubert, quy ont chascun une mestérie en ladite parroisse, ont esté contraints de les abandonner et dellaisser sans estre cultivées, les mestayers d'icelle les ayant quittées à cause de la surcharge des tailles. De plus est arrivé que la grange et autres bastiments dudit Huguet a brullé et les murailles on tumbé à terre; de laquelle incendie ses meubles, ceux de son mestayer, toutes les pailles, fouin, vin, vesseaux et futailles ont esté consommez, et ledit Huguet y a fait perte de plus de quatre mil livres, et ses mestayers plus de deux cent livres; de sorte que ladite mestérie est à présant inculte et abandonnée; laquelle portoit par an la somme de quatre vingt livres. Toutes lesquelles pertes sont par le menu exprimées en la requeste qu'ils nous ont cejourd'huy donnée, signé de partie desdits habitans, atachée à ses présentes, et reviennent à la somme de deux mille cinq cent soixante dix neuf livres; au moyen de toutes lesquelles pertes et dommages ressus ladite paroisse est presque inculte; et, pour en remarquer la vérité et droisser procès verbal de l'estat d'icelle, ils nous ont prié et requis de nous transporter aveq ledit procureur du roy en les villages et terres de ladite parroisse; à quoy inclinant, sommes montez à cheval et transportez en l'estendue de ladite parroisse, où nous avons veu divers mas de terre en friche, sans qu'il y aye aparance qu'ils ayent esté labourez, les deux ou trois ans derniers. Comme aussy avons veu diverses maisons presque ruynées; et estant retournez audit bourg de Genac, avons veu la grange et autres bastimants dudit Huguet tous ruinez par le feu. Dont et de tout ce que dessus nous avons droissé nostre présent procès verbal, pour valloir et servir ausdits habitans ce que de raison, l'an et jour susdits. MESTAYER. GARAUD. NOUVEAU, *greffier pris d'office.*

XXVIII.

1652, 1er avril. — « Assemblée tenue par M^{rs} les maire, eschevins, conseillers et pairs de la maison commune et eschevinage de ceste ville d'Angoulesme en l'audiance du siège présidial de ladite ville, pour délibérer des affaires d'icelle à la manière accoustumée, le premier jour d'avril mil six cens cinquante deux, » et statuer sur la demande de « troys milliers de pouldre » pour « démolition du bastion de Taillebourg. » — *Extrait du registre de l'échevinage d'Angoulême. Communication de M. Lièvre.*

Ledict sieur maire a remonstré que le sieur de La Bussière, commissaire de l'artillerie, lui a mis entre mains, despuis deux jours, une ordonnance de Mr Marin, intendant de la justice ès armées de Guyenne pour le roy, signée de mondict sieur Marin et plus bas : Coquille, en date du xxviiie mars dernier, par laquelle est ordonné aux villes de Xaintes, Angoulesme, Cougnac et Sainct-Jehan de fournir chescune dans quinze jours trois milliers de pouldre entre les mains de celluy qui sera commis pour avoir le soin de la démollition du chasteau de Taillebourg; auroit requis que lecture fut faicte publiquement, ce qu'ayant esté faict aultement par le secrétaire du présant corps de ville; apprès laquelle lecture ainsy faicte, ledit sieur maire auroit prié mesdits sieurs de voulloir donner leur advis sur le contenu de ladite ordonnance.

Sur quoy mesdicts sieurs d'une commune voix ont arresté que, attendu la concession faicte par les roix aux habitans de la présante ville de toute exemption de tailles, subsides et aultres impositions générallement quelconques; que d'ailleurs il n'y a aulcun maguazin de poudre en cette ville et que les marchans et particuliers habitans n'en ont pas suffisemmant pour la garde d'icelle, qui est de tres grande conséquence pour le service du roy, et que la ville est si pauvre et nécessiteuse par les grandes et fréquantes contributions qu'ils ont fourny au Roy, en vertu de ses déclarations, lesquelles à faulte de vériffications leur a causé plusieurs procès en la cour des aydes et qui ne sont encores términés, de sorte qu'ils jugent ne pouvoir satisfaire à la dicte ordonnance, et ont donné charge audict sieur maire d'escrire à mon dict sieur Marin, intendant, les raisons et excuzes cy-desssus. P. BRIAND, *maire*. CHEVRIER, *secrétaire*.

APPENDIX.

LE COMBAT DE MONTGUYON.

Relation de ce qui s'est passé à Monguyon entre les troupes de M. le prince, commandées par M. le comte de Maure, et celles du sieur de Folleville. A Bourdeaux, par G. de La Court, imprimeur ordinaire du roy et de son altesse, » s. d., in-4°, 8 pages. *Bibliothèque de Cognac, recueil Albert, série in-4°, t. XIX, p. 717.*

Les ennemis de monsieur le prince, qui avoient creu que son absence serviroit à leurs desseins, sont maintenant persuadez que, pour estre esloigné d'eux, il ne laissera pas de les vaincre

Tous ces advantages que les troupes qu'il a laissées en cette province ont remportés depuis peu sur eux, partout où elles ont eu les occasions de les combattre, monstrent clairement que la réputation de ce prince et la justice de la cause qu'il soustient peuvent gaigner des victoires là mesme où il n'est pas présent.

Vous avez appris le combat qui fut donné dernièrement dans le Périgord; vous allez voir la suitte de cette victoire dans ce qui s'est passé à Mont-Guyon. Nous en donnons un peu tard la relation au public, parce que, les premières nouvelles ayant apporté d'abord quelque confusion désavantageuse à la vérité, il a falu attendre que le temps les aye un peu esclaircies.

Sur l'advis qu'on eut que le sieur de Folleville, après avoir esté battu dans le Périgord, s'estoit retiré dans Montguyon avec 500 chevaux ou environ, monsieur le comte de Maure, non content d'avoir employé sa prudence à conserver la ville de Libourne, voulut encore porter sa valeur au dehors pour aller combattre les ennemis. C'est pourquoy, le 25 de ce mois de may, il alla passer la rivière de Lisle avec un corps de 300 chevaux, composé des gendarmes de monsieur le prince, de ceux de M. le duc d'Anguien et des chevaux légers de M. le prince de Conty avec le régiment de Marchin.

Bien que ces troupes surmontassent en courage celles des ennemys, elles estoient inférieurs en nombre et ne sembloient pas estre en estat de les pouvoir attaquer. Aussi elles avoient eu ordre d'attendre le sieur de Marche, qui devoit les venir joindre avec deux cens chevaux ; mais celuy cy ne s'estant pas trouvé au rendé-vous, pour avoir esté employé à quelque autre entreprise, ces braves creurent néantmoins qu'ils ne devoient pas se retirer sans faire quelque chose de remarquable et qui fît paroistre le dessein pour lequel ils s'estoient ainsi avancés.

Ils marchèrent du costé de Montguyon, à dessein d'y aller surprendre les ennemis avant qu'ils peussent se reconnoistre. Mais, comme les nostres furent proches de ce bourg, ils changèrent de résolution et il fut jugé plus à propos de leur dresser une embuscade. C'est pourquoy le comte de More envoya un party de 30 maistres conduit par le sieur de Cabreré jusques aux portes de Montguyon pour essayer de les attirer hors de leur poste.

Mais le sieur de Folleville ayant reconnu ce dessein, mit incontinent sa cavalerie en bataille, et puis, quand tout fut en bon ordre, il destacha un escadron pour pousser nos coureurs et pour venir reconnoistre nos troupes; lequel, après s'estre approché assez près, se retira sans combattre.

Comme nos troupes n'estoient pas encore en bataille, elles se retirèrent en un endroit où elles peussent se ranger plus commodément. Bien-tost après les ennemis marchèrent droit à nostre cavalerie et s'advancèrent jusques à la portée du pistolet. A mesme temps, ils envoyent un bon escadron, qui détourna un peu à costé pour la venir prendre par le flanc.

Mais le baron de Gouville, lieutenant des chevaux légers de monsieur le prince de Conty, qui commandoit alors l'aisle droite, ayant apperceu cet escadron, tourne de ce costé là, et le pousse si vigoureusement qu'il le met entièrement en déroute.

Mais, s'il monstra sa valeur en vainquant les ennemis, il fit voir ensuitte sa prudence en ne poursuyvant pas la victoire. Au lieu de pousser les vaincus qui s'enfuyoient devant luy, il revint au champ de bataille où sa présence estoit plus nécessaire. En effet, à grand peine y fut-il arrivé, que le gros des ennemis commence à donner avec beaucoup de courage et ce fut là où se fit le plus grand effort du combat.

Encor bien que le nombre de nos troupes fût incomparablement moindre que celuy des ennemis, et qu'on eust envoyé une grande partie des chevaux légers avec les gardes de son Altesse sous la conduitte du sieur Desroches, pour se saisir d'un passage qui les eust peu incommoder, néantmoins ceux qui restèrent dans cette occasion combattirent avec tant de vigueur que la cavalerie du contraire party fut contrainte de s'enfuyr en désordre.

D'ailleurs aussi une partie de nos cavaliers se trouva dissipée, et, soit que la chaleur de la victoire en eut attiré quelques uns à la poursuitte des fuyards, soit que quelque vaine terreur eut obligé les autres de se retirer, on eut de la peine à les rallier. L'escadron de Gouville fit ferme et deffit encor un second escadron des ennemis qui faisoit mine de le vouloir attaquer.

Cependant le comte de Tourville qui commandoit les gendarmes de M. le duc d'Anguien, après avoir en vain essayé avec quelques autres de rallier nos troupes dissipées, se joignit avec ce qu'il peut rappeller des siens au baron de Gouville son beau-frère. Et tous deux ensemble achevèrent de deffaire les ennemis et les poursuyvirent jusques aux portes de Montguyon, où ils les attendirent plus d'une heure, sans que jamais les vaincus eussent le courage de paroistre.

Ainsi le champ de bataille est demeuré aux troupes de M. le prince et la victoire a esté considérable, puisque ceux du contraire party y ont perdu plus de deux cens hommes qui ont esté ou tués sur la place, ou blessés ou faicts prisonniers.

Il faut néantmoins advoüer que cette victoire a couté cher à ceux entre les mains desquels elle est demeurée. Ce n'est pas que le nombre des nostres qui ont esté tués ou faits prisonniers aye esté considérable; M. le prince n'a perdu dans cette occasion que douze ou quinze hommes seulement ; mais la qualité de ceux qui ont acquis cet avantage par la perte de leur vie ou par celle de leur liberté doit rendre cette gloire un peu facheuse.

On compte parmy les morts le comte de Villars, les sieurs de Cabreré et de Vigean, lieutenant de cavallerie, qui ont fait merveille dans cette occasion. Le comte de Chastelus, qui commandoit les gens-d'armes de M. le prince, a esté fait prisonnier dans ce combat, où il a donné des preuves de son courage avec les sieurs de Saint-Seurin et de Roc, capitaines, qui ont aussi esté arrestez.

Quelques autres ont esté blessés dans cette occasion, et ont marqué par leur soin, leur fidélité et leur courage. Le marquis de Basillac a esté blessé aux 2 jambes, le chevalier de Feuquières à la joüe, le sieur de Mailly à un bras, le sieur de Mouchat à l'espaule, le sieur de Libersac a receu deux coups de pistolet dans le corps.

Le baron de Gouville mérite une loüange particulière en ce lieu, comme il a beaucoup contribué à cette victoire, pour avoir renversé deux escadrons et poursuivy les ennemis jusques dans leurs barricades; le comte de Tourville y a aussi acquis beaucoup d'honneur ; il receut dans le combat un coup de mousqueton bien favorable et qui ne fit que percer les habits seulement. Il fit encore une action extrèmement généreuse et qu'il ne faut pas oublier ; c'est que, voyant le sieur Mailly prisonnier parmy les ennemis, il alla le délivrer de leurs mains, tuant d'un coup de pistolet un de ceux qui le tenoient et l'autre à coups d'espée.

Mais il faut réserver la principale gloire de cette action à M. le comte de Maure qui l'a conduite. Il y a signalé son courage et son zèle envers M. le prince ; il a receu deux coups d'espée, l'un à la teste, l'autre au bras ; mais on croit que ces blesseures ne seront pas dangereuses. Ayant eu son cheval blessé de trois coups de pistolet, il est demeuré prisonnier parmy les ennemys qui peuvent bien arrester sa liberté, mais non pas tenir sa gloire captive.

Imprimerie de Pons. — Noël Texier.

www.ingramcontent.com/pod-product-compliance
Lightning Source LLC
Chambersburg PA
CBHW061256060726
47596CB00002B/619